Garde des Sceaux, ministre de la Justice, Christiane Taubira a été députée de Guyane de 1993 à 2012, mandat pendant lequel elle a rédigé la proposition de loi visant à reconnaître la traite négrière et l'esclavage comme crime contre l'humanité (2001).

Une campagne de folie
Comment j'en suis arrivée là
(entretien avec Élizabeth Drévillon)
First Éditions, 2002

Rendez-vous avec la République
La Découverte, 2007

Égalité pour les exclus
La politique face à l'histoire et à la mémoire coloniale
Temps présent, 2009

Mes météores
Combats politiques au long cours
Flammarion, 2012
et «J'ai lu»

Paroles de liberté
Flammarion, 2014

Murmures à la jeunesse
Philippe Rey, 2016
et «Pluriel», 2017

Nous habitons la Terre
Philippe Rey, 2017

Christiane Taubira

L'ESCLAVAGE
raconté
À MA FILLE

Philippe Rey

Ce livre est une version remaniée et augmentée
d'un ouvrage portant le même titre et paru en 2002
aux éditions Bibliophane.

L'éditeur remercie Christian Séranot-Sauron d'avoir
contribué à la publication de cet ouvrage.

TEXTE INTÉGRAL

ISBN 978-2-7578-5852-3
(ISBN 978-2-84876-466-5, 1ʳᵉ publication)

© Éditions Philippe Rey, 2015

Prélude

C'est une histoire de violence et de beauté.

Un cauchemar sans fenêtre.

Sous la vapeur opaque qui escorte l'incendie, les enfants, hagards, cherchent. Le soleil s'arrache déjà à la cime des arbres et la crique qui descend vers la rivière chante en effleurant la pointe du rocher dressé sur sa course, et en frôlant la terre que retiennent les arbustes le long des rives. Comme si c'était un jour pareil aux autres. La colonne humaine, entravée aux chevilles et au cou, suscite parfois contre les convoyeurs, qu'ils soient blancs ou noirs, la colère d'hommes et de femmes revenant des champs, croisés sur les chemins menant à la côte où mouillent les navires négriers.

La côte est volupté. Elle ouvre sur le ciel indigo que l'horizon confond avec la gorge d'un monde sans pardon. Les vagues se déchirent contre les blocs de pierre comme une mère dont l'esprit est parti en dérade.

Des jeunes filles courbent l'échine, d'autres redressent plus fermement les épaules, le regard brouillé mais tenace. Elles ont subi l'appareillage, ce rituel de viol auquel se livrent les matelots. Certaines, la plupart, en ont l'âme fracassée. D'autres comprennent que c'est le premier défi lancé à leur humanité. Et le relèvent.

Les femmes gardent le geste sûr, tant qu'un ou des enfants requièrent leurs soins. Elles leur fredonnent que c'est un désagrément de la vie comme lorsque les saisons entraînent à la transhumance ou lorsque de lointains voisins, armés et criards, se livrent à des pillages.

Les hommes sont humiliés de ne pouvoir désormais protéger.

Il arrive que des sages soient du voyage. Saisis avec les autres lors des razzias, ou s'étant volontairement glissés parmi les leurs comme on accompagne, pour veiller sur eux, celles et ceux qu'une attaque, un malheur ou une injustice destinent à un sort funeste.

La chaleur irisée éreinte les corps immobiles.

L'odeur persévère. Elle se mêle au bruit des fers, s'épaissit à l'obscurité persistante, chevauche les paroles que, par réflexe, chacun ne fait plus que chuchoter. Tête-bêche, couchés sur le flanc gauche, ils subissent roulis et tangage, serrent les dents et s'accoutument aux humeurs de la mer. Ils en viennent ainsi à distinguer la nuit du jour, au martèlement de l'eau contre la coque du navire, mais plus encore aux subtiles variations des va-et-vient de marins sur le pont. Ils se mettent à guetter le moment où s'estompe l'agitation et parviennent ainsi, dans la pénombre qui jamais ne s'altère, à scander le temps.

Les premières révoltes naîtront de cette maîtrise du cycle du jour et de la nuit.

Ce sont les femmes qui ont commencé. Ne parvenant plus à étouffer les gémissements qui leur assaillent la gorge, elles les humectent, les timbrent, les lissent, les polissent, les transforment en sons à crocs en notes en blues en *saudade*.

Combien, durant ces quatre siècles, plongent lestés de leurs chaînes, après avoir tenté de maîtriser marins et navire, ou même sans avoir essayé, préférant l'hospitalité de l'océan rugissant à la morne et rogue cruauté des hommes ?

Soudain, les aliments sont un peu moins frelatés. Depuis deux jours, ils sont conduits par petits groupes sur le pont. Respirer, bouger, reprendre mine humaine. C'est que les marchands fouinent partout, les dents, les muscles, les poux.

Que ces terres sont belles ! Que ces montagnes semblent accueillantes ! Les bégonias disputent aux sargasses de parfumer les alizés. Les côtes sont découpées dans du parchemin. La lune, par vergogne, ne montre que son dos.

Les séparations sont déchirantes. Elles ne suivent qu'une loi, la volonté du colon et le poids de sa bourse. Le soleil n'est pas plus mordant dans ces plantations qu'il n'était dans les champs de mil. Mais ici l'eau est chiche, très chiche. Le fouet siffle comme s'il s'enivrait à satiété de sa propre rengaine. Les chants s'élèvent, fluets d'abord, *work songs* improvisés étrangement harmonieux, même lorsqu'ils disloquent la rythmique. Grimpant des pieds aux poings, haletant du poumon à la gorge, ils se chargent d'un froid courroux, d'une impatience domptée, d'une désespérance ravalée. Les enfants ne travaillent pas pour jouer, ils triment. Les femmes, amarreuses de canne, arracheuses de coton, assembleuses de tabac, s'écroulent parfois d'épuisement, enceintes jusqu'au cou. Les hommes mâchent leur rage non contre la besogne harassante, mais d'impuissance à soustraire les femmes au désir brutal et bestial du maître, aux vengeances fourbes de son épouse.

Hommes, femmes, enfants ? Meubles, selon le Code noir. Cheptel, selon le régisseur. Esclaves à merci selon le maître.

Et le marron rompit.

Ils se savaient des hommes.

Les griots psalmodiaient depuis la nuit des temps les droits et les interdits calligraphiés dans la Dunya Makilikan de Soundjata Keita, la bulle d'Ahmed Baba, et même les lois d'Urukagina et le code d'Hammourabi.

Ils les savaient des hommes.

L'Habeas corpus romain et la Magna carta avaient établi depuis longtemps les limites de la force et les abus du pouvoir.

Que de bulles papales, d'ordonnances royales, de controverses, d'édits, d'arrêts et de décrets fallut-il pour les contredire et faire tenir ce désordre moral et social…

Que d'exégèses, de doctrines, de dogmes, de postulats fallut-il pour justifier ce commerce contre-nature et contre-humanité, pour apaiser des consciences tourmentées…

Ils n'en périrent pas tous, mais tous étaient tachés. Les religions, la philosophie, la sociologie, l'anthropologie, les sciences… jusqu'au droit, les manieurs de concepts y injectèrent de fumeuses théories, apportant leur écot à ce grand boniment !

Et tandis que les océans s'encombrent en surface de pavillons rivaux, que des cadavres anonymes tapissent leurs tréfonds…

Tandis que circulent comme jamais tissus, barres de fer, fusils, bibelots et pacotilles des négociants de l'Europe atlantique, auxquels reviennent d'extravagants bénéfices en lingots d'or et d'argent, sacs de café et de cacao, barils de rhum, barres de tabac, ballots de coton, coffres de soieries et coffrets de pierres précieuses…

Tandis que suintent de ces utilités et curiosités tropicales, de ces superflus de confort le sang et les exécrations des Amérindiens décimés, et que résonne encore le fracas des combats de résistance…

Tandis que se mondialise l'échange, qu'il est fait clair à la conscience de tous que le monde est fini…

Tandis que s'installent les théories raciales, que le racisme, vain à expliquer le monde mais prompt à ratifier ses dérèglements, s'enracine pour des siècles…

Tandis que de jeunes matelots européens, perplexes, écœurés, se résolvent dès retour dans leur ville à porter témoignage du crime ainsi commis…

Tandis que les esclaves créent des langues et des arts, pétrissent les religions, marient les spiritualités, expliquent le monde et ses déraisons ; tandis qu'ils incendient les plantations, empoisonnent les bestiaux, sabotent les récoltes et sabordent cette économie de prébendes ; tandis que du ragtime au gospel, des spirituals au blues, du candomblé au tango, du kasé-kô à la capoeira, du banjo au jazz, et des imprenables quilombos aux traités de paix, ils font l'expérience de leur invincibilité ; tandis que leurs chefs se hissent à hauteur des humanités reliées par une même exigence d'égalité et de respect…

Tandis que d'Europe et d'Amérique, par injonctions et pétitions à Paris, Lyon, Champagney, Barbechat, à Londres, Liverpool et Bristol, à Amsterdam et en Pennsylvanie, des voix célèbres de philosophes et d'activistes, des clameurs de citoyens ordinaires proclament qu'ils croient à ces égales humanités…

Tandis que s'inscrivent enfin contre les esclavages et les servitudes des temps passés, des temps présents, des temps à venir, conventions et protocoles renouant avec la Dunya ou la Magna…

Tandis que de tous points cardinaux et de toutes cultures on se demande comment partager le monde, non de part en part, mais en part commune…

Quelque chose frémit qui, de la mondialisation de la brutalité et de la cupidité, voudrait faire surgir la promesse d'une mondialité savante du divers du monde et ardente à la fraternité.

Une histoire de violence et de beauté.
Il se peut que la beauté l'emporte.

Introduction

La France se dit nation civique.

Elle a raison.

Même en ce moment où resurgit en tintamarre un lamentable nationalisme tribal.

Elle est nation civique par sa source dans la Révolution qui casse les privilèges et prône l'égalité, par ses origines en ce 14 juillet 1790 au Champ-de-Mars, par ses intentions de rassembler les citoyens dans une communauté de destin ; elle est civique en ce qu'elle transcende le groupe, la tribu, l'ethnie, la race et le sang.

La Nation figure le corps social et politique, lié par les lois qu'il se donne et les institutions qui organisent la vie civile.

Et c'est bien pour cette nation civique qu'ont donné leur vie ceux dont « à prononcer les noms sont difficiles » (Aragon).

Tous les citoyens sont donc égaux.

Et pourtant…

Des citoyens font quotidiennement l'expérience de l'inégalité, de la discrimination, de l'injustice, ils sont accablés par les préjugés, les clichés, les préventions de toutes sortes ; ils sont confrontés à l'ostracisme et à l'exclusion.

Des discriminations sont infligées sous divers prétextes. Elles touchent ainsi des femmes, juste parce que femmes, des personnes au motif de leurs croyances, réelles ou supposées, de leur handicap, de leurs origines réelles ou supposées, de leurs préférences amoureuses. Les discriminations germent en général sur l'intolérance, sur le refus d'accepter la moindre différence chez l'autre. Aucune discrimination n'est défendable. Aucune ne doit être tolérée, car elles rompent le pacte républicain qui, conformément à l'article premier de la Constitution, méconnaît les différences, en clair n'en retient aucune pour n'écarter personne.

Une part caractéristique des préjugés qui fondent ces rejets puise dans le lointain d'une histoire qui, comme la guerre d'Algérie, trace encore dans la mémoire un sillage de rancœur voire de ressentiment. Ils viennent parfois de plus loin, de la première période coloniale, où la traite et l'esclavage ont donné lieu à des théories brutes et brutales sur l'inégalité des races pour justifier ce système économique si particulier.

La longue marche vers la réconciliation des mémoires reste chaotique, bien qu'elle ait connu de significatives avancées. Il reste beaucoup à faire pour extraire d'utiles enseignements de l'héritage culturel et politique de l'histoire des conquêtes coloniales. Cette œuvre doit être commune, car cette histoire est commune. Elle fut vécue ensemble. Négriers et captifs étaient sur le même bateau, les uns tout à leurs calculs sur le pont, les autres en souffrance et en révolte dans la cale sombre et puante. Ils traversèrent ensemble les océans et s'affrontèrent sur les terres des Amériques, des Caraïbes et de l'océan Indien. Ils vécurent, de positions différentes, le génocide amérindien. Ils forgèrent, en conditions inégales, une connaissance de ces territoires dudit Nouveau Monde. Ils y inscrivirent, dans une relation d'abord antagoniste, les empreintes des Europes et des Afriques, auprès de celles qui témoignaient de la présence millénaire des Amérindiens, depuis leurs migrations d'Asie. Puis le métissage, commencé par les viols sur les navires, poursuivi par les viols dans les cases de plantations, illuminé par quelques rares et tonitruantes histoires d'amour, amplifié par la rencontre et la solidarité de résistance, ce métissage est venu rendre définitivement caduque la narration binaire du monde.

Les voyages ne transportent jamais des objets nus et silencieux, ni des hommes amnésiques et muets. Ces siècles d'échanges induits par le commerce triangulaire ont percuté des économies et des cultures, poreuses comme tout ce qui est vivant, et percolé dans les connaissances et les représentations, à l'insu de ceux qui croient à l'étanchéité et même à la supériorité de certaines cultures. C'est de ses contacts avec le monde que l'Europe a tiré une nouvelle vigueur, génératrice de ses révolutions industrielles.

Toutes les disciplines y ont pris part.
Les techniques de navigation, bien sûr.
La géographie s'en élargit.
L'histoire s'en enrichit.
L'archéologie s'y excita.
L'anthropologie s'y égara.

L'ethnologie s'encanailla dans d'exotiques et hiérarchiques considérations.

La sociologie en bégaya.

La théologie se persuada et persuada d'une fumeuse malédiction de Cham prononcée par un Noé humilié et injuste.

Les sciences dérapèrent en mensurations et thèses fumistes.

Les théories économiques prirent du large.

Le droit en fut souillé par le Code noir.

Dans toutes ces matières, il y eut des esprits marginaux pour choisir d'autres voies que le savoir au service de la puissance, de la domination, de l'injustice, voire pour certains, en connaissance de cause, du crime. Les débats d'époque en attestent.

Mais les effets de cette explication pluridisciplinaire et biaisée d'une longue période sont là, ils opèrent dans l'inconscient collectif, imprégnant le subconscient, et sont parfois délibérément entretenus dans la conscience de ceux qui s'accrochent à la nostalgie d'un monde dont ils croient qu'il lui arriva d'être en noir et blanc, blanc sur noir.

Il est vrai que la IIIe République s'y empêtra. On lui fit dire que la civilisation offerte par le sabre et l'évangélisation imposée par le goupillon étaient si précieuses qu'elles valaient bien quelques massacres, la confiscation des terres, le travail forcé, le pillage des ressources, un code de l'indigénat.

Il faut déconstruire pour comprendre, défaire pour vivre ensemble. Refaire la cité.

Ceux qui, aujourd'hui, sont exposés aux discriminations sont des citoyens, et doivent être traités comme tels. Cela implique que la lutte contre les discriminations permette la réponse ferme, judiciaire et réparatrice, qu'exigent à la fois leur interdiction constitutionnelle, les sanctions pénales prévues et la préservation du pacte républicain. Mais en leur qualité de citoyens, les personnes visées attendent autre chose : le respect du contrat social. La réponse individuelle ne peut suffire, même si elle est fortement nécessaire. La réponse institutionnelle est indispensable. C'est donc par l'inclusion dans tous les champs, économique, social, culturel, symbolique et politique que doivent être, non conviés, mais associés ceux qu'il faut s'habituer à regarder non comme de présumés étrangers, non comme des sous-citoyens, non comme des problèmes, mais comme des sujets de droit, citoyens à part entière, dotés théoriquement de la plénitude des attributs de la citoyenneté, et qui doivent enfin l'être pratiquement. C'est la condition d'une réponse collective et durable aux tourments individuels. Avec une perspective politique : faire ensemble la cité.

Car une fois rappelés l'horreur du système de traite et l'enfer esclavagiste, la prospérité qu'en tira l'Europe atlantique, les bouleversements qui en découlèrent dans les activités, les relations, les doctrines, les représentations qui ont fourni de si profondes racines au racisme, une fois posés que, depuis ces temps-là, les résistances et les solidarités transcontinentales postulaient déjà le refus de la servitude, de l'oppression, de l'humiliation, énonçaient déjà l'égalité entre les hommes, il nous reste à convenir de ce que nous avons en commun.

Et, sans s'étourdir au vertige qu'ils emportent, faire face aux défis qui nous sont lancés.

Allons-nous regarder, indifférents ou mortifiés, ce long travail de fragmentation sociale, territoriale et culturelle, de sédimentation des aigreurs, d'incrustation d'un sourd courroux, et laisser se disloquer le monde en même temps que s'effondre la société?

Allons-nous prononcer de fermes condamnations, aussi bruyantes qu'annonciatrices de nos impuissances à venir, sans parvenir ni à endiguer ni à convaincre ni à vaincre?

Allons-nous seulement pourchasser ceux qui, par la mort qu'ils infligent et s'infligent, se soustraient à la justice, sans repérer à temps pour les en empêcher, ceux qui peuvent basculer dans ce camp obscur, mortifère et destructeur qui se soude autour de l'assassinat jubilatoire et de l'éradication des cultures, des libertés, des patrimoines?

L'enjeu est, sans conteste, celui de l'appartenance, du «Nous», ce lieu où se rêve et s'élabore le destin commun. Le «Nous» d'une humanité partagée, le «Nous» d'un monde devenu indivis. Pour lui redonner vitalité et consistance, il faut en reconnaître l'étendue, la diversité, la disparité, admettre sa part d'imprévisible et d'irrationnel, comprendre cette quête d'identités particulières, cette aspiration au groupe, ce besoin de s'agréger au plus près avec ses plus semblables, et savoir leur opposer la beauté, la force mais aussi la nécessité d'appartenir ensemble et non par fragments. Pour cela, rendre accessibles, compréhensibles et rassurants les mystères que contient la rencontre entre êtres différents.

Aucune incantation ne saurait y pourvoir. Aucun totem ne pourrait nous prémunir contre le désamour à l'œuvre dans la multiplicité des séparatismes, qu'il s'agisse de prétendues communautés qui s'affichent ostensiblement ou de supposés autochtones qui croient se barricader en replis frileux ou provocateurs. La République doit s'instituer à nouveau maison commune. Pour cela, elle doit redevenir crédible en existant partout, au quotidien, autant dans les esprits que dans les services publics ; elle doit susciter l'enthousiasme en cessant de snober ce si légitime et raisonnable désir de lendemains.

La grande et inestimable leçon que nous laisse la sombre et longue traversée de la traite négrière et de l'esclavage est de donner à voir le monde dans sa pluralité, de nous inviter à saisir que le seul immuable, le seul indissoluble est l'altérité.

Il n'est pas forcément donné de s'y familiariser, de s'y livrer, de s'y offrir. De s'en instruire.

Des terres en abritent l'expérience continue et polyphonique, dans lesdits Outremers et les Amériques. La condition de l'altérité est la relation, au sens où l'entendait Édouard Glissant, soit un monde où cessent de s'affronter des univers juxtaposés, campés dans leurs atavismes et leurs certitudes, mais reliés par des langues et des langages qui s'apprivoisent et se fécondent. La mondialité.

L'éducation, la culture, la vie sociale devront s'y atteler, résolument, en privilégiant l'émulation et la solidarité plutôt que la compétition et les rivalités, et en se faisant aire pubère pour le vrai, le juste, le fraternel.

C'est la possible promesse, par une attention à tous et à chacun, en particulier pour les jeunes générations qui se sentent refoulées aux confins de la République, de la réémergence d'une conscience civique.

Tant il est vrai que ce que je sais ne me domine plus.

La traite et l'esclavage en leurs vérités

Les définitions des dictionnaires que j'ai consultés sont sommaires. Et très rapidement elles renvoient à d'autres mots – captivité, servitude, oppression, servage – puis à des expressions de la vie courante, comme «être esclave de ses sentiments». On n'a pas l'impression que l'esclavage soit si grave!

Par nature, les dictionnaires ont tendance à offrir des définitions concises. Plus inquiétantes me paraissent la sécheresse et la neutralité des encyclopédies. Bien sûr, j'aurais souhaité que les dictionnaires eux-mêmes, parce qu'ils sont consultés plus souvent, fassent référence aux événements historiques. Mais cela supposerait que cette part de l'histoire de la France ne soit pas occultée par les programmes scolaires. Or le silence reste pesant, de l'école primaire à l'université.

Pourquoi ce silence? La honte?

Sans doute, et ce serait plutôt bon signe. Mais ce n'est pas la principale raison. Les conquêtes coloniales ont eu pour effet pervers de convaincre les Européens que leur civilisation est supérieure aux autres. De plus, les efforts déployés pour justifier la traite[1], l'esclavage,

1. Commerce et transport des captifs.

la colonisation, le pillage, le travail forcé, l'indigénat[1] et autres exactions ont porté leurs fruits…

Holà! holà! Tu expliques?

Commençons par l'esclavage, puisqu'il semble plus familier. Les explications académiques ont tendance à être froides, distantes, sourdes. Je te propose de retenir la définition qui en est donnée dans la Convention internationale de 1926 adoptée par la Société des Nations et qui a été complétée par une autre convention de l'Onu en 1956. Tu sais que la Société des Nations, créée en 1920 pour maintenir la paix après la Première Guerre mondiale, est devenue l'Organisation des Nations unies en 1946, après la Seconde Guerre mondiale. Mais cette convention est le seul texte juridique international contenant une définition de l'esclavage, considéré comme «l'état ou la condition d'un individu sur lequel s'exercent les attributs du droit de propriété ou certains d'entre eux». Cette définition n'est pas spécialement chaleureuse, mais elle a le mérite d'être claire. L'esclave est donc un être humain réduit à l'état de bête, de meuble, d'objet, de marchandise, bref, il est la propriété d'un autre. Diverses législations, les codes noirs ou codes des esclaves, accordaient au maître droit de vie et de mort sur «ses» esclaves. La Société antiesclavagiste de Londres propose, depuis 1973, la définition suivante pour l'esclave: «Personne qui, travaillant pour une autre, n'est pas libre de refuser son travail, et personne qui est propriété d'autrui et n'a donc ni liberté ni droits.»

---

1. Régime administratif spécial qui limitait drastiquement les droits des natifs.

Il paraît que l'esclavage a toujours existé ?

C'est ce que martèlent ceux qui veulent, d'un revers de main, évacuer tout débat sur la question. Cela a toujours existé, donc quoi de plus naturel ? Sache qu'autre chose a toujours existé : le refus de l'esclavage, le rejet de l'injustice. De tout temps et en tout lieu, il y eut des hommes pour placer la liberté, l'égalité et la fraternité au-dessus des considérations économiques.

Tu n'es pas en train d'idéaliser, là ?

Pas du tout. À peine un petit peu…

Tu reproches aux définitions d'être trop froides, mais toi, tu es peut-être un peu trop passionnée sur le sujet, non ?

Je pourrais te rappeler que tu es trop jeune pour me juger. Un proverbe guyanais enseigne que ce que tu ignores te dépasse. Mais soit, disons qu'il m'arrive d'être partiale, au sens où je prends parti. Je n'en fais pas mystère. Je ne m'en défends pas. Je ne crois pas à l'objectivité lorsqu'il est question des sociétés humaines. La rigueur et la méthode, oui. L'objectivité, non. Je la laisse aux escrocs ou aux imbéciles heureux. Je crois comme Marc Augé qu'une «représentation objective du passé n'a pas de sens, non parce qu'elle n'est pas possible, mais parce que ce passé, quand il était présent, n'avait pas un contenu objectif[1] ».

L'histoire des sociétés humaines est une histoire de rapports de force, de représentations, de croyances. Elle est décrite et restituée par des personnes qui non seulement ne sont pas neutres, mais en plus n'échappent

---

1. Marc Augé interviewé par Antoine Spire, *Le Monde de l'éducation*, n° 291, avril 2001.

pas totalement à l'influence de leur propre culture, de leurs expériences, de leur conception du monde. Il s'est toujours trouvé des hommes pour s'insurger contre les injustices, les inégalités, les abus, les cruautés, tous les actes inhumains. Et même si je n'en ai pas la preuve pour chaque situation, à chaque moment, en chaque lieu, j'ai en mémoire trop d'exemples d'hommes ayant préféré encourir le risque suprême plutôt que de capituler ou d'être simplement complices. Cela suffit pour me convaincre qu'il y en eut toujours.

Tu parles toujours d'hommes. Et les femmes, elles étaient passives ?

Oh que non ! Elles ont toujours pris part aux luttes. Et admirablement. Je te parlerai de femmes « verticales » et magistrales. Lorsque je dis « les hommes », j'entends l'espèce humaine, le genre humain. J'y confonds hommes, femmes, enfants en ce qu'ils ont d'irréductible, d'invincible, d'indomptable, leur commune humanité.

Finalement, est-ce que l'esclavage a toujours existé ? Il paraît que l'esclavage date de l'Antiquité, des Romains et tout ça ?

Je peux te parler au moins de ce qui nous est parvenu. De ce qui a laissé des traces. Je vais te raconter ce que je sais des diverses formes d'esclavage qui ont existé. Mais pour éviter toute ambiguïté, je veux d'abord te dire clairement que toute forme d'asservissement est à proscrire. Et à combattre. Le degré de gravité varie, les modes de lutte également. Mais la réprobation doit être inconditionnelle. Il n'y a pas de ligne de flottaison quant à l'intégrité de la personne humaine. La liberté est inaliénable.

Mais quand même, il y a bien des pays où les indi-
vidus n'ont pas toutes les libertés, notamment dans
certaines tribus. Et toi qui aimes tant parler de soli-
darité, comment fais-tu pour trancher entre le groupe
et l'individu ?

D'abord, il n'est pas question d'avoir toutes les libertés. Il s'agit de ne reconnaître à personne, sous aucun prétexte, le droit de propriété sur une autre personne. Et dans ce que tu appelles les tribus, qui sont en fait des communautés d'hommes ayant choisi des règles de vie commune – qu'il n'y a d'ailleurs pas lieu d'idéaliser non plus –, la liberté est souvent moins théorique que dans les sociétés où les libertés individuelles laissent surtout chacun seul face aux injustices et à sa détresse. Cependant, même les sociétés traditionnelles ont pratiqué des formes de servitude ou d'esclavage. Quelles que soient les affinités et l'admiration que l'on puisse éprouver pour une forme d'organisation sociale ou une autre, on ne peut consentir à l'idée même de l'oppression. On ne doit lui trouver aucune excuse. Mais je répète que toutes les formes d'asservissement ne sont pas identiques. Certaines sont plus aliénantes que d'autres. Certaines appellent une résistance plus vigoureuse que d'autres.

Est-ce que les dégâts de l'esclavage dans l'Antiquité
étaient les mêmes que ceux de l'esclavage des Noirs ?
À l'époque, les gens ne connaissaient pas leurs droits :
ils ne pouvaient donc pas être aussi malheureux
qu'après la Déclaration des droits de l'homme et du
citoyen ?

C'est une idée courante de penser qu'on ne souffre pas de la privation de ce que l'on n'a pas connu. Il est vrai que si l'on n'a jamais goûté au chocolat, on ne peut en avoir envie. Mais la liberté n'est pas un bien ordinaire. Et même les personnes nées dans l'esclavage souffrent du manque de liberté. Le raisonnement sur l'accoutumance à la servitude s'appuie souvent sur le cas des animaux nés en captivité. Mais l'homme a ceci de substantiellement différent de l'animal : il se projette dans l'avenir. Il peut se perdre mentalement dans la représentation horrifiée d'un asservissement qui durerait toute sa vie. Surtout, la question de la liberté ne concerne pas seulement celui qui en est privé. Elle concerne aussi celui qui en jouit tout en sachant que l'autre en est privé.

Cela veut dire que l'on ne doit jamais être privé de liberté ? Il faut abolir les prisons, alors ?

Je parle de la privation de liberté pour des raisons arbitraires et souvent sordides : le profit, le mépris, le racisme et autres abus, préjugés et outrances. Lorsqu'une personne est privée de liberté après jugement, si le procès a été équitable comme l'exige l'article 11 de la Déclaration universelle des droits de l'homme de 1948, il n'y a rien à redire, sauf à mettre en cause le système pénal du pays concerné. La prison est malheureusement le moyen adopté pour sanctionner des fautes, des délits et des crimes dans les sociétés contemporaines. Et encore, chez les moins violentes d'entre elles. Réfléchir à la prison, ses alternatives, l'influence que les peurs sociales exercent sur la sévérité de certains jugements, au devoir public de réinsertion, autrement dit la préparation à la sortie, etc., doit rester une exigence permanente. Mais ce débat nous éloignerait considérablement de notre discussion sur l'esclavage.

Bien, madame. Donc si tu me parlais enfin de l'escla-
vage au temps des Romains, des Arabes, des Européens,
et d'autres encore, peut-être ?

Nous avons effectivement tous appris que l'esclavage existe depuis l'Antiquité. On sait qu'il a été pratiqué chez les Sumériens, les Assyriens, les Babyloniens,
les Égyptiens, les Hébreux et de nombreux autres
peuples anciens. C'était deux mille ans avant l'ère
chrétienne. L'Égypte des pharaons traitait en esclaves
les étrangers vaincus. Ce fut le cas des Nubiens ou des
Libyens, par exemple. Ces esclaves étaient affectés
aux tâches pénibles de construction et d'aménagement
des villes, dans la plupart des cas, mais également aux
rudes travaux des champs.

Dans la Grèce conquérante et la Rome antique, les
esclaves étaient d'abord les guerriers ennemis vaincus. Les femmes et le reste de la population étaient
considérés comme butin de guerre ou de piraterie.
Mais des citoyens pouvaient être réduits en esclavage
pour avoir fait des dettes ou enfreint certaines lois.
Cette situation était cependant plus fréquente dans
ce que l'on appelait le pôle oriental, en opposition au
pôle gréco-latin, où étaient épargnées les personnes
dites de race et de langue hellènes. Tout cela était bien
du goût de Platon et d'Aristote. Ils considéraient que
certaines catégories d'hommes avaient pour destin
d'être asservis afin que d'autres s'épanouissent et
mettent leurs talents au service de la gestion et de la
protection de la Cité. Platon disait que «toute parole
adressée à un esclave doit être un ordre absolu». Dans
ces sociétés de classes, il n'y avait pas de solidarité
entre les hommes libres. Ainsi, des salariés, de petits
artisans indépendants, des pauvres pouvaient endurer

une vie matérielle presque aussi indigente que celle des esclaves. Mais il y avait une différence de taille entre un homme très pauvre, libre, et un esclave, même moins misérable : le premier jouissait des droits de citoyen.

Par ailleurs, il n'y avait pas d'unité non plus dans le sort des esclaves. Ceux-ci pouvaient être esclaves domestiques mais aussi bagnards, affectés aux travaux publics, agricoles ou miniers. Ils pouvaient être autorisés à exercer un métier artisanal et à verser une rente à leur maître. Ils pouvaient racheter leur liberté, devenant ainsi des affranchis. En Grèce, l'esclave affranchi était assimilé au métèque, c'est-à-dire à l'étranger domicilié. De nombreuses fonctions et certains métiers lui étaient interdits. Cependant, on sait qu'à la fin des années 400 avant l'ère chrétienne, la police d'État, armée, était constituée d'esclaves scythes. À Rome, l'accès à certaines fonctions demeurait impossible pour un esclave affranchi, mais il jouissait de la totalité des droits civiques et d'une grande partie des droits politiques. Il semblerait même, selon quelques auteurs, que d'anciens esclaves soient parvenus à la fonction de sénateur ou aient été intégrés au gouvernement.

Finalement, leur sort n'était pas si terrible que ce que j'imaginais.

C'est probablement aussi le sentiment de ceux qui rejettent toute discussion sur l'esclavage en résumant : l'esclavage a toujours existé et il est arrivé que le sort des esclaves soit plus enviable que celui de certains citoyens libres. C'est un fait que, dans l'Antiquité, l'esclavage moyen-oriental, grec et romain prévoyait des voies de sortie par l'accès, même partiel, à des prérogatives de citoyenneté. Cela ne doit pas faire perdre de vue que l'esclavage est une privation de liberté, arbitraire lorsqu'il émane d'actes de guerre ou de piraterie, abusive lorsqu'il sanctionne des dettes ou certains délits. Ni oublier qu'il consiste quand même à arracher à des êtres humains leur force de travail, sans les rémunérer. Par ailleurs, cet esclavage de guerre et de piraterie a fini par faire place à une entreprise massive de capture et d'asservissement, motivée par les conquêtes en Afrique, en Orient, en Gaule, en Germanie, dans les Balkans, et stimulée par le développement de l'agriculture et de l'élevage.

Tu veux dire qu'en plus du butin de guerre et de piraterie, on allait chercher des esclaves exprès pour les faire travailler ?

Oui. Une véritable activité économique s'est organisée parce que les débouchés sont devenus non plus occasionnels, mais stables et voraces en main-d'œuvre. Toutefois, avec l'esclavage de masse s'est également développée la résistance de masse. Parmi les révoltes célèbres, il y eut celle de Spartacus, au 1er siècle avant l'ère chrétienne. Spartacus était un berger. Il a été capturé, enrôlé dans une école de gladiateurs, d'où il s'est échappé. Il a levé une armée et tenu Rome en échec durant plusieurs années avant d'être vaincu par Crassus et crucifié. Ces esclaves insurgés étaient meilleurs juges que quiconque pour savoir si leur sort était enviable. Ils se rebellaient contre le travail concentrationnaire, la cruauté des maîtres, l'absence de toute possibilité de retour dans leur pays.

Lorsque tu parles de conquête de l'Afrique, cela concerne aussi les Arabes ? J'ai lu qu'ils avaient organisé tout un commerce pour capturer les Africains.

C'est exact. On a appelé ce commerce la traite arabo-musulmane. Des pays arabes sont situés sur le continent africain, au nord du désert du Sahara. Les pays au sud du Sahara, dits subsahariens, sont habités par les Noirs africains. Jusqu'à la colonisation, qui a tracé les frontières du continent au gré des ambitions des puissances européennes, les communautés humaines qui y résidaient étaient nomades ou semi-nomades et les affrontements donnaient également lieu, parfois, à l'asservissement des vaincus.

Avant et après l'ère chrétienne, le continent a néanmoins connu des civilisations éblouissantes, des royaumes prestigieux, des dynasties érudites. Et les femmes n'étaient pas en reste. Je sais que tu as lu des romans sur Hatchepsout, reine d'Égypte, qui a étendu cette première grande civilisation africaine jusqu'au Moyen-Orient vers le nord et jusqu'en Nubie vers le sud. C'était au XVe siècle avant J.-C. Tu as peut-être entendu parler des Candaces, ces reines de Méroé, qui régnèrent durant sept siècles à partir du IIIe siècle avant J.-C. sur cette deuxième grande civilisation africaine. Tu en sais sûrement un peu moins sur la reine Amina qui a fondé la fameuse armée de cavaliers du royaume Haoussa qu'elle dirigeait. C'était au XVIe siècle après J.-C. Les impératrices Helena et Sabla Wangel, au XVIe siècle, ont sauvé l'Éthiopie d'une crise qui aurait pu lui être fatale. La reine N'zinga de Ndongo, pays que les Portugais ont nommé Angola, était si fière, courageuse et puissante qu'une légende raconte que le creux qui marque la roche préhistorique de la forteresse de Pundu Andango est son pied. Elle a farouchement combattu pour empêcher la pénétration portugaise et l'instauration de l'esclavage dans son royaume. C'était à la fin du XVIIe siècle.

Du XVIIe au XIXe siècle, ces reines, ces femmes rayonnent et tonnent, exigeantes et exemplaires. Elles ont des destins tragiques parfois, remarquables toujours. Dona Béatrice fut brûlée vive, son bébé dans les bras, pour avoir affronté les autorités congolaises qui avaient pactisé avec les Portugais et provoqué pauvreté et misère dans la population. Mmanthatisi, du Sotho, endigua la marche des Boers du Cap vers le nord ; elle sauva son royaume au temps des grandes turbulences en Afrique du Sud, au début de la splendeur de Chaka, l'empereur zoulou. Ranavalona Ire repoussa la colonisation européenne de Madagascar et réussit à y faire échec jusqu'à sa mort en 1861. Muganzirwazza conduisit la résistance du royaume d'Ouganda jusqu'à l'écrasement de ses troupes, prises en étau entre les négriers arabes et son rival Mutesa, armé et corrompu par les envahisseurs. Yaa Asantewa rendit invincible le royaume ashanti du Ghana face aux tentatives britanniques de pénétration de l'Afrique de l'Est. Nehanda impulsa et mena la première guerre de résistance et d'indépendance du Zimbabwe ; elle fut considérée comme l'un des éminents esprits du Lion des Shona, tant son rayonnement était grand ; elle fut pendue après la victoire des Britanniques qui n'hésitèrent pas à utiliser de la dynamite pour vaincre la rébellion du peuple shona.

Dis donc, on se sent fières d'être femmes !

N'est-ce pas ? Et tu te sentiras encore plus fière après avoir lu les ouvrages de Cheikh Anta Diop, notamment

Nations nègres et culture. Tu te sentiras fière de ta féminité, de ton identité, de ton humanité. Et lorsque tu seras confrontée à d'inexplicables creux, à des vides incompréhensibles, à des trous étranges dans cette longue généalogie glorieuse, souviens-toi de ces vers de Derek Walcott qui rappellent que l'océan fut, durant les funestes traversées, l'angoissant *middle passage*, un assourdissant cimetière.

« Where are your monuments, your battles, martyrs ?
Where is your tribal memory ? Sirs,
in that gray vault. The sea. The sea
has locked them up. The sea is History[1]. »

Là se trouve en effet une part des mystères de la longue nuit de cette interminable oppression.

Et la traite arabo-musulmane, donc...

Donc, comme tu dis, cette traite appelée arabo-musulmane ou arabo-islamique, qui fut en réalité l'affaire de négociants arabes, car il s'agit de commerce, pas de religion, fut exercée à l'encontre des peuples de l'Afrique subsaharienne ; elle a laissé des traces qui remontent au troisième millénaire avant J.-C. Ces traces sont plus nombreuses à partir du Nouvel Empire, de 1580 à 1085 avant J.-C. Il est admis qu'elle aurait été sporadique. Quelques épisodes inattendus me paraissent intéressants à souligner. Ils démontrent non seulement que les victimes de cette traite et de cet esclavage ne se sont jamais soumises, mais encore qu'elles comptaient dans leurs rangs des dirigeants capables de dominer le monde, si telle avait été leur philosophie.

---

1. « Où sont vos monuments, vos batailles, martyrs ? Où est votre mémoire tribale ? Messieurs, dans ce gris caveau. La mer. La mer les a enfermés. La mer est Histoire. » « The Sea is History », poème tiré de *The Star-Apple Kingdom*, 1979.

Durant soixante-dix années, entre les VIIIe et VIIe siècles avant l'ère chrétienne, la vingt-cinquième dynastie dite soudanaise a régné sur l'Égypte. Il est arrivé souvent que des esclaves, enrôlés dans l'armée, se comportent si vaillamment que leurs épopées aient nourri des légendes. En 869 après J.-C., face à une insurrection d'esclaves extrêmement organisée et imposante, l'Empire abbasside a dû mobiliser toutes ses forces armées, qui se sont livrées à un massacre monumental. Au XIe siècle, un esclave affranchi a dirigé un coup d'État au Yémen. Il y instaura une dynastie qui dura un siècle et demi. En fait, il semble selon les archives que la traite transsaharienne ait été pratiquée de façon significative à partir du VIIe siècle. Parmi les supports de ce commerce se trouvent des traités, comme celui conclu en 652 avec la Nubie christianisée. Le Maghreb, Rome, la Grèce étaient concernés. Cette traite d'Africains, hommes, femmes, enfants, réalisée pour le compte de commerçants arabes, était liée au négoce de l'or, de l'ivoire, de l'ambre gris, des animaux sauvages. C'est un trafic d'êtres humains. Il n'est pas plus excusable que les autres, nonobstant les renversements de situation que j'ai évoqués.

Si je comprends bien, il y a toujours une raison économique ?

Elle semble dominante, effectivement. Tous les autres motifs invoqués pour justifier cette pratique ont bien l'allure de pitoyables prétextes. Ce trafic d'êtres humains d'avant les conquêtes coloniales européennes passe par la voie transsaharienne, la corne de l'Afrique, les côtes de l'océan Indien, les routes de l'Inde, de la Malaisie, de l'Insulinde. Il sert les activités économiques les plus diverses. Il pourvoit à l'industrie du sel, fournit des bras pour l'agriculture mésopotamienne, la culture d'huîtres perlières dans la mer Rouge, les plantations de palmiers, la construction de réseaux d'irrigation, l'exploitation minière d'or et de pierres précieuses, la culture de la canne à sucre au Maroc et au Portugal. Il procure des troupes et de la main-d'œuvre gratuite enrôlées pour la pénétration du sud de l'Afrique jusqu'aux gisements aurifères de Monomotapa, et pour la recherche des épices.

Après la défaite de Constantinople dont les Turcs s'emparent en 1453, les données géopolitiques sont bouleversées. Les rivalités entre le sud de l'Europe et les régences d'Afrique du Nord s'intensifient. Le progrès technologique et la modernisation de la navigation aidant, la traite prend une ampleur considérable, impliquant de plus en plus les puissances européennes, saignant l'Afrique noire et entraînant les Amériques, la Caraïbe et l'océan Indien dans un enchaînement de tragédies humaines qui dureront plus de quatre siècles.

Plus de quatre cents ans! Pour des raisons économiques!

En réalité, pour l'Afrique, victime depuis la traite arabe jusqu'à la traite européenne, ce sont des millénaires de malheur, avec des intensités variables par période. La traite perpétrée par les Européens marque un tournant par sa nature, sa durée, la façon dont elle est conçue et gérée, sa légitimation. Jusque-là, la traite s'effectuait par voie terrestre et l'esclavage était principalement réservé aux vaincus, hors expéditions prédatrices. C'était affaire de force. Le procédé était sauvage. Désormais, des théories, des doctrines et des codes vont encadrer ces pratiques. Ces quatre cents ans commencent par l'expédition des Portugais qui atteignent le cap Bojador ou « cap de la Peur », en 1434. Les premières razzias connues remontent à 1441 dans le Rio de Ouro, le fleuve d'or. Et dès 1454, le pape Nicolas V légitime le commerce de ces êtres humains qualifiés de « bois d'ébène », dans sa bulle *Romanus Pontifex* par laquelle il accorde son autorisation au roi du Portugal, Alfonso V.

Après les musulmans, les chrétiens ?

Oui, les chrétiens. Ils ont laissé croire aux *pomberos*, les trafiquants, que la traite et l'esclavage des Africains procédaient de l'accomplissement de prophéties contenues dans les Saintes Écritures. C'est à cela qu'a servi la malédiction de Cham.

La malédiction de Cham ? C'était qui, Cham ?

Je vais te raconter cette histoire que l'on trouve dans des traductions, d'ailleurs contestées, de l'Ancien Testament. Noé, ce patriarche à qui le Seigneur avait permis de construire une arche avant le Déluge pour sauver sa famille, une paire de chaque espèce d'animal ainsi que des végétaux, avait trois fils : Cham, Sem et Japhet. Un jour, Noé, qui, après le Déluge, était passé du nomadisme à l'agriculture, a abusé du jus de la vigne et s'est enivré. Il s'est dévêtu et endormi nu sous sa tente. Cham a trouvé cela très drôle et s'est moqué de Noé. Sem et Japhet, avec respect et pudeur, ont pris un manteau et, s'approchant à reculons pour éviter de voir la nudité de leur père, l'en ont recouvert. À son réveil, Noé a appris ce qui s'était passé, probablement par Sem ou Japhet. Il est entré, paraît-il, dans une fureur indescriptible. Il a maudit son fils Cham et a condamné ses descendants à servir éternellement d'esclaves à ceux de ses frères. Parmi les quatre fils de Cham, il n'a pas sanctionné Kush, ancêtre des Éthiopiens, Micrayim, ancêtre des Égyptiens, Phout, ancêtre des Arabes et des Libyens. Il a choisi de faire peser sur le seul Chanaan une malédiction qui poursuivrait sa descendance éternellement.

Mais c'est impitoyable, ça !

Et pas qu'un peu ! Mais examinons les choses sereinement, si tant est qu'un tel adverbe convienne. Toutes les explications sur l'univers et sur l'homme me paraissent mériter respect, dès lors qu'elles sont construites sur la base d'un système cohérent qui concourt à élucider les grands moments de l'Histoire et les grands événements naturels, et qui participe à l'originalité culturelle et à la cohésion sociale. Et tant qu'elles n'incluent ni racisme ni intolérance. Sinon, le ver est dans le fruit !

Prenons le cas de la France. Pays des droits de l'homme et des libertés, elle fut pourtant, en volume du trafic, la troisième puissance négrière mondiale. L'abbé Grégoire[1] proclamait d'ailleurs que «l'esclavage avilit le maître et l'esclave». Frantz Fanon[2] et Albert Memmi[3] ont démontré que les effets pervers du colo-

---

1. Abbé Grégoire (1750-1831) : ecclésiastique et homme politique français, défenseur de l'émancipation des Juifs pendant la Révolution française. Il fut à l'origine du premier décret d'abolition de l'esclavage (1794).
2. Frantz Fanon (né à Fort-de-France en 1925 et mort aux États-Unis en 1961) : psychiatre, écrivain, favorable à la révolution algérienne, auteur de *Peau noire masques blancs* (1952), des *Damnés de la terre* (1961), préfacé par Jean-Paul Sartre, et de *Pour la révolution africaine* (1964). Médecin-chef de l'hôpital psychiatrique de Blida, il observa les troubles psychiques liés à la situation coloniale et établit un parallèle entre la souffrance des aliénés et la situation des colonisés.
3. Albert Memmi (1920) : écrivain français d'origine tunisienne, auteur de *La Statue de sel* (1953, préface d'Albert Camus), qui analysa les

nialisme atteignent le colonisé et le colonisateur[1]. Un auteur américain a développé une thèse selon laquelle l'homme blanc en est venu à frapper son épouse du fait qu'il avait pris l'habitude d'user de violence envers les femmes en violant des esclaves noires. Cela paraît spécieux. Mais qui sait ?

Revenons à ton histoire de Cham et Noé, si tu veux bien...

On la trouve bel et bien dans la Bible de Jérusalem, aux chapitres 9 et 10 de la Genèse. Ce mythe a fait l'objet de nombreuses exégèses, dont les plus accessibles figurent dans les dictionnaires de la Bible. N'écarquille pas les yeux. Cherche le mot « exégèse » dans ton dictionnaire. J'attends… Donc, ces interprétations élaborées pour éclairer les profanes que nous sommes ne nous indiquent pas quelle partie du monde d'alors représentait Chanaan. Certains précisent cependant que Cham est un mot d'origine hébraïque, qui signifie « être chaud » et « être noir ».

Tu veux me dire que Noé, le seul homme que Dieu ait jugé digne d'être sauvé avant le Déluge, était aussi méchant et aussi injuste ?

Écoute, pour l'instant, nous allons laisser Dieu en dehors de ça. Tu parles d'injustice, tu vois donc bien que c'est dans le temporel qu'il faut disséquer cette histoire et en tirer la morale. Reprends-la par son commencement.

---

mécanismes du racisme et de la colonisation d'un point de vue sociologique. Auteur du *Portrait du colonisé, précédé du Portrait du colonisateur*, Buchet-Chastel, 1957.

1. Aimé Césaire, dans *Discours sur le colonialisme* (Éditions Présence africaine, 1955), écrivit : « […] la colonisation travaille à *déciviliser* le colonisateur, à *l'abrutir* au sens propre du mot, à le rétrograder, à le réveiller aux instincts enfouis, à la convoitise, à la violence, à la haine raciale, au relativisme moral […] ».

Noé était donc saoul. Et comme si ce mauvais exemple ne suffisait pas, il récompense la délation de Sem et Japhet, au lieu de les mettre au pain sec et à l'eau, ou de leur donner le double de la surface de champ à labourer pour planter de nouveaux raisins.

Bien vu.

Et en plus, il condamne des innocents !

Sans rédemption !

Rédemption ?

Oui, la possibilité de se racheter. La fin de la punition. L'espoir d'un soulagement. Voilà une histoire qui ne fait la moindre place ni à la fraternité, ni à l'amour, ni à la clémence, ni même à la charité. Et c'est sur le prétendu fondement de cette histoire que la traite et l'esclavage infligés à des millions d'hommes, de femmes, d'enfants ont pu être perpétrés dans l'indifférence parfois, avec la complicité souvent et même avec la bénédiction ou sous l'autorité de généreux fondateurs d'ordres missionnaires. Ils proclamaient que l'Europe avait pour noble mission d'assurer le salut de l'âme des infortunés fils d'Afrique frappés par la malédiction.

C'est trop gros ! Qui pouvait croire cela ? En tout cas, c'est une faute grave. De quelle religion s'agissait-il, au fait ? C'était la religion catholique ?

Tiens-toi bien. Elles s'accusent mutuellement. Parmi les auteurs catholiques, le père Pierre Charles[1], dans un livre écrit en 1928, accuse les protestants en affirmant

---

1. Cité par Alphonse Quenum, *Les Églises chrétiennes et la Traite atlantique du xve au xixe siècle*, Karthala, 1993.

que jusqu'à la Révolution, qui a scellé la rupture de l'enseignement traditionnel catholique, « le Noir était respecté ». Raoul Allier[1], professeur protestant, explique que cette interprétation du Livre serait due à des spéculations rabbiniques datant du IIIe au Ve siècle, selon lesquelles Cham aurait déshonoré Noé sur l'arche et qu'il en serait sorti transformé en Nègre. On en sourirait si cette ineptie n'avait couvert autant d'atrocités, n'avait provoqué autant de tragédies. Il semblerait que cette faribole ait connu une vigueur particulière au XVIe siècle. Bien plus tard, en 1870, s'est tenu un concile – c'est-à-dire une assemblée d'évêques –, celui de Vatican I. Les participants voulurent demander au Saint-Siège d'intervenir en faveur des Noirs pour précipiter la fin de la malédiction qui les frappait. Cette requête ne fut même pas examinée, la guerre de 1870 et la lutte pour l'unité italienne occupant les esprits sur des sujets plus « urgents ». D'autres auteurs, tout aussi gênés, expliquent que Noé n'a pas maudit la descendance de Cham, mais simplement prédit l'asservissement qui la frapperait. Qu'il ne s'agissait pas d'une malédiction, mais d'une prophétie.

Cela revient au même, non ? Si c'est sur le compte du destin, c'est donc sur le compte de Dieu ?

Il est certain que toutes ces esquives et ces dérobades ne suffisent pas à gommer totalement l'énoncé du texte biblique qui annonce que la descendance du fils maudit sera asservie : *servus servorum*. Même si personne n'y avait ajouté cette infamie désignant la « race » noire, ce serait insupportable, quels que soient les hommes ainsi

1. Cité par Alphonse Quenum, *op. cit.*

condamnés. Enfin, quelle religion peut s'accommoder de tels préceptes ?

Mais le savoir progresse, les sciences se sont affranchies de leur dépendance à l'égard des thèses religieuses, la physique moderne s'est libérée de la métaphysique, et tout cela, finalement, est bien stimulant. Certaines religions affirment que la totalité du savoir scientifique est énoncé dans le Livre sacré, que par exemple il est écrit que la Terre est suspendue dans l'Univers. Cela bien avant les intuitions et les calculs de Copernic, Kepler, Galilée, Magellan…

Tout le monde a toujours raison. Comment se repérer dans tout cela ?

En s'intéressant à ce savoir et à ces connaissances que, sous toutes les latitudes, les hommes accumulent. À travers les sciences exactes, mais aussi les sciences humaines, les sciences sociales, la philosophie. Retiens cependant cet apophtegme de Rabelais : « science sans conscience n'est que ruine de l'âme ». Autant le seul recours à la narration du monde par les livres saints mène à l'obscurantisme, autant la vénération des seules données matérielles, qui est en soi une idolâtrie, peut conduire à la sécheresse mécanique des monstres froids. C'est une alchimie à construire en toi. Pas en prenant parti. Les conflits entre l'Église et les savants ont souvent été des conflits de pouvoir. Il y a de forts enjeux dans la connaissance elle-même, et dans la diffusion de la connaissance. Qu'elles soient laïques ou religieuses, les institutions sont conduites par des hommes. Il faut se battre pour accéder au savoir et en même temps être lucide, rester libre grâce au doute et faire place aux éthiques qui sous-tendent certains savoirs, certaines techniques. En clair, se demander si l'on peut, sans entrave, disposer de tout ce que l'on sait, et si l'on a le droit de faire tout ce que l'on sait faire. Les débats sur le clonage humain poussent cette question à son paroxysme. L'homme peut critiquer Dieu autant qu'il veut. Le pire, c'est qu'il se prenne pour Dieu.

Avec toutes ces affaires qui ne cessent de faire débat, entre la pédocriminalité et le génocide rwandais, on ne sait pas toujours à quel niveau de responsabilité l'Église est impliquée lorsque des prêtres font des choses contraires à la morale et à la parole du Christ. En tout cas, pour ce que j'ai retenu de ce que j'ai appris au catéchisme.

Dans les affaires que tu évoques, la justice devra faire la lumière sur les responsabilités de chacun. On sait déjà qu'un silence coupable de la part des hiérarchies ecclésiastiques a permis à ces prêtres de martyriser des enfants vulnérables, et peut-être de croire à l'impunité. Pour ma part, j'estime que ces actes relèvent de la pédocriminalité, car il n'y a aucun amour à trahir la confiance et à voler l'innocence des enfants. Pour les enfants victimes de violences sexuelles, comme pour l'esclavage, la responsabilité de l'Église varie selon la période. Mais en plusieurs circonstances, elle a été indiscutable.

Au Rwanda, le prix du génocide et les traumatismes subis sont incalculables. Heureusement, la justice commence à être rendue. Avec les tribunaux Gacaca, qu'on prononce *gatchatcha* en kinyarwanda, une version locale de la Commission Vérité et Réconciliation de Nelson Mandela et Desmond Tutu en Afrique du Sud ; mais aussi en France, où sont réfugiés des

Rwandais soupçonnés d'avoir participé au génocide. Une première condamnation a été prononcée. Vingt ans après. Ce fut long, mais c'est un fait encourageant : pas d'impunité.

Tu te souviens de la bulle *Romanus Pontifex* du 8 janvier 1454 du pape Nicolas V. C'était tôt ! Or une bulle papale engage la plus haute autorité de l'Église, et c'est important, car les royaumes d'Europe reconnaissent la suprématie papale. Plus tard, la bulle *Inter Caetera* du 3 mai 1493, du pape Alexandre VI, introduit aux Amériques une ligne de démarcation favorable aux rois catholiques d'Espagne. Les Portugais, jusque-là privilégiés par Nicolas V et Calixte III, soucieux d'échapper aux taxes royales qui profitent au royaume rival d'Espagne, protestent contre ce monopole ibérique. Le traité signé le 7 juin 1494 entre Portugais et Espagnols à Tordesillas, en Espagne, a déplacé la ligne de partage en accordant au Portugal l'est de l'Amérique et les îles du Cap-Vert à l'ouest de l'Afrique. Les Anglais, engagés dans la Réforme – tu sais, ce mouvement religieux de contestation qui a donné naissance au protestantisme –, s'insurgent en remettant en cause l'autorité pontificale.

Quant aux Français, par la voix de François Ier, ils demandent «quelle clause du testament d'Adam tient le royaume de France à l'écart du partage du monde». Parce qu'à partir de la moitié du XVIe siècle, outre l'Espagne et le Portugal, pour diverses puissances européennes, principalement l'Angleterre, la France, la Hollande, le Danemark et même la Suède, la traite négrière s'inscrit dans une pratique commerciale courante et systématique au regard de leurs compétitions économiques internationales.

De nombreuses autres bulles papales impliquent l'Église dans le partage des conquêtes coloniales. Elle se montre volontariste dans le règlement des rivalités entre puissances européennes, mais indifférente au sort des esclaves. Dans les Épîtres de saint Paul, la lettre à Philémon engage ce maître à traiter certes plus fraternellement Onésime qui s'est enfui et converti au christianisme, mais toujours en esclave. De nombreux autres versets exhortent les esclaves à une soumission religieuse à l'égard de leur maître. Saint Augustin présente l'esclavage comme la conséquence du péché.

Et pas un seul pape pris de pitié à l'horizon ?

Non. Il faut cependant relever que, dans sa bulle *Sublimis Deus* du 9 juin 1537, le pape Paul III condamne l'esclavage sans ambiguïté, comme il avait condamné l'asservissement des Indiens dans sa lettre *Veritas Ipsa* du 2 juin de la même année. Cependant, des commentateurs (nos fameux exégètes) disent qu'il parle de « tout autre peuple qui pourrait être découvert », sans jamais nommer les « Nègres », comme on les appelait en ce temps, alors qu'il y avait des esclaves africains en Espagne à cette époque. Ces « autres peuples » ne désigneraient donc que d'autres Amérindiens. Ce commentaire est crédible, car à cette période Bartolomé de Las Casas, parti faire fortune aux Amériques, s'était converti en devenant prêtre dominicain et s'était engagé dans la défense des Amérindiens. Seulement, il plaidait pour que les « Indiens soient libérés de l'esclavage » et remplacés par des Africains « plus robustes ». Les mêmes exégètes disent que Las Casas avait de l'influence à la cour d'Espagne, donc dans l'entourage du pape. C'était quelques années avant la controverse de Valladolid qui, d'août 1550 à mai 1551, a opposé Las Casas et Ginés de Sepúlveda, grand défenseur de l'aventure coloniale qui se réclamait de la conception aristotélicienne de l'esclavage «naturel». Ils se querellaient pour savoir si les Indiens avaient une âme et méritaient, à ce titre, d'échapper à l'esclavage. L'Espagne était en pleine fureur évangélisatrice. Le sujet demeurant cependant moins le salut des âmes que le rendement des *ingenios*, les sucreries.

Et il n'y en a pas un qui, sans ambiguïté, comme tu aimes dire, se soit désolidarisé de cette infamie ?

Il y a bien Tomás de Mercado, un prêtre dominicain qui, dans un livre paru en 1571, dit clairement que la traite est contraire aux justes règles du commerce et aux principes de l'humanité. Il dénonçait donc la traite, mais acceptait l'esclavage. Un juriste laïc, Bartolomé de Albornoz, publie en 1573 un ouvrage refusant clairement le prétexte de la religion et prétend qu'il vaut mieux être «esclaves et chrétiens que libres et ignorer la loi de Dieu». Il affirme que la loi du Christ ne peut «enseigner que la liberté de l'âme doive se payer par la servitude du corps». Son livre sera interdit par le Saint-Office. Pour notre plus grand réconfort et bonheur, Louis Sala-Molins a déniché deux figures magnifiques, deux capucins. Francisco José de Jaca[1] et Épiphane de Moirans[2], jeunes prêtres de vingt-sept et trente-deux ans, envoyés l'un à Caracas, l'autre à Cayenne où il n'arrivera jamais, vont prêcher et dénoncer ces pratiques, en se référant tant à la religion chrétienne qu'au droit, au nom des «droits de l'homme» et de

1. Aragonais, 1645-1690.
2. Jurassien, 1644-1689.

la «lumière de la raison»[1]. Quant à la première prise de position officielle de l'Église contre l'esclavage, elle serait contenue dans une lettre de Pie VII au roi de France, en date du 20 septembre 1814 : elle stipule qu'il est interdit de considérer comme permis le commerce des Noirs. Ce n'est pas une bien grande avance sur les autorités laïques, puisque le congrès de Vienne intervient quelques mois plus tard, le 8 février 1815, pour interdire la traite comme «répugnant au principe d'humanité et de morale universelle». Mais l'esclavage demeure autorisé.

Mais comment se fait-il qu'ils distinguent aussi aisément la traite de l'esclavage ? Comment refuser l'un et accepter l'autre ?

Il faut noter que c'est seulement dans le cas de l'esclavage négrier perpétré par les États, les armateurs et les marchands européens que la traite et l'esclavage sont à ce point liés entre eux. Dans la traite pratiquée par les négociants arabes, le bassin d'esclaves est déjà l'Afrique subsaharienne, donc l'Afrique noire, mais il arrive que d'autres populations – arabes, européennes, slaves, albanaises, maures, grecques – soient réduites en esclavage, pour dettes ou défaite de guerre. Avec les conquêtes européennes, c'est dès 1416, peut-être avant, que commence la traite liée à l'esclavage, en deux séquences distinctes constituant chacune une activité en soi avec sa logique et son processus, et des justifications de tous ordres expliquent pourquoi les Noirs sont prédestinés à endurer ce commerce inqualifiable. Les Amérindiens subissent l'esclavage

---

1. Louis Sala-Molins, *Esclavage réparation. Les lumières des capucins et les lueurs des pharisiens*, Nouvelles Éditions Lignes, 2014.

sans la traite et sont victimes d'un génocide qui les fait passer de 11 millions en 1519 à 2,5 millions à la fin du XVIe siècle pour la seule Amérique centrale. Tu te souviens que l'esclavage des Amérindiens fut l'objet de la controverse de Valladolid. Il est vraisemblable que l'existence de l'esclavage depuis l'Antiquité, les nombreuses références bibliques justifiant le procédé et les propos de penseurs tels que Platon et Aristote aient pu donner bonne conscience à l'Europe. Les plus audacieux proscrivaient la traite alors qu'ils s'accommodaient de l'esclavage. À vrai dire, je n'ai pas d'explication satisfaisante. Et c'est aussi bien que je ne comprenne pas les ressorts de ces raisonnements gesticulatoires. Je crois d'ailleurs que même s'il m'était donné de les comprendre, je ne t'en ferais pas part. Je pense sincèrement que c'est un choix éthique, un acte de résistance sain et salutaire que de refuser de s'égarer dans l'explication d'actes monstrueux. On peut explorer les mécanismes qui y conduisent, pour renforcer la vigilance. Mais surtout, surtout ne pas risquer, par des interprétations captieuses, de laisser s'infiltrer dans l'humain ce qui, absolument, est inhumain.

Et cela, les philosophes ont su le dire, au moins ?

Pas tous, et pas toujours. Le grand Hegel, philosophe allemand du début du XIXe, dont on chante en terminale les vertus pour ce qu'il a apporté à l'analyse du réel et du rationnel, affirmait également que «pour tout le temps pendant lequel il nous est donné d'observer l'homme africain, nous le voyons dans l'état de sauvagerie et de barbarie [...]. On ne peut rien trouver dans son caractère qui s'accorde à l'humain[1].»

1. G. W. H. Hegel, *La Raison dans l'Histoire*, 1822-1830.

Ça coupe le souffle ! J'avais entendu parler de l'enga-
gement de philosophes pour l'abolition de l'esclavage.
Je n'imaginais pas que l'on pouvait être philosophe et
avoir en même temps de tels préjugés !

Hélas, très chère, presque toutes les disciplines ont malheureusement quelque chose à se reprocher à ce sujet. L'anthropologie, science humaine supposée étudier ce qui est commun à tous les hommes, n'a pas su voir que les thèses du comte Arthur de Gobineau[1] sur « l'inégalité des races humaines » étaient contraires à son essence même. L'ethnologie, science humaine censée saisir les raisons qui dictent les différents comportements des hommes selon leur culture, n'a pas voulu voir les dévoiements dans les propositions de Bartolomé de Las Casas, évêque andalou de l'ordre des Dominicains. Pour protéger les Indiens auxquels il s'était attaché, il assurait que malgré leurs pratiques animistes ils avaient une âme et qu'ils vénéraient finalement le même Dieu que les chrétiens, ce qui devait les dispenser de l'esclavage. Mais avec la même ferveur il affirmait que les Africains, qui pourtant avaient également des pratiques animistes, n'avaient pas d'âme et que, étant plus robustes, ils feraient une excellente main-d'œuvre gratuite, asservie et brutalisée pour cultiver les plantations et travailler dans les mines d'or et d'argent.

Il n'a pas employé précisément ces mots, mais la violence du système esclavagiste qui décimait déjà les Amérindiens ne lui avait pas échappé, puisqu'il cherchait à les en soustraire. Il proposait pourtant d'y ajouter le traumatisme de la traite, en encourageant la déportation des Africains de leur continent jusqu'aux

---

1. Arthur de Gobineau, *Essai sur l'inégalité des races humaines*, 1853-1855.

Amériques, malgré les mauvaises conditions de navigation de l'époque.

Est-ce qu'il savait tout cela ?

Sans doute. Il paraît d'ailleurs qu'il s'en est repenti avant de mourir. Vois-tu, ce sont les valeurs que nous choisissons comme socle de notre vie qui nous servent de rempart, nous préservent de toute complicité et de toute complaisance à l'égard de pratiques inhumaines. Lorsqu'on pense que tous les hommes sont égaux, on ne s'accommode sous aucun prétexte d'actes qui mettent en péril cette conviction en infligeant ou en laissant infliger à une catégorie d'hommes ce que l'on trouve inacceptable pour d'autres et pour soi.

La science n'était pas assez développée en ce temps-là pour éclairer tous ces gens ?

La science avait aussi ses brebis galeuses. Il n'y a pas si longtemps, trois quarts de siècle, que l'on sait que les vrais marqueurs de différence entre les hommes sont dans les gènes et non dans la couleur de la peau : un Noir et un Blanc ne sont pas forcément plus différents que deux Noirs ou deux Blancs entre eux. Il est vrai que la science elle-même reconnaissait plusieurs races. Il fut même un temps où elle en comptait trente-deux, la dernière étant la « race des méchants ». Mais il y a malgré tout un fossé entre, d'une part, l'observation et l'explication, même erronée, de ces différences et, d'autre part, leur utilisation à des fins de domination, d'exploitation, de destruction. Or il s'est trouvé des scientifiques, comme le docteur Camper[1], pour prétendre, à partir de travaux fumeux sur

---

1. Petrus Camper, 1722-1789, médecin, naturaliste et biologiste hollandais.

l'angle facial, que la «race noire» était bien inférieure à la «race blanche». Un autre, le naturaliste Cornelius Van Pauw, au XVIIIe siècle toujours, affirmait que les hommes sont d'égale qualité, à quelque race qu'ils appartiennent, mais pour ajouter aussitôt, comme le naturaliste Buffon, que dans les régions chaudes les capacités intellectuelles sont altérées. Il assurait: «Le véritable pays où son [de l'homme] espèce a toujours réussi et prospéré est la zone tempérée septentrionale de notre hémisphère; c'est le siège de sa puissance, de sa grandeur & de sa gloire. Sous l'Équateur son teint se hâle, se noircit; les traits de sa physionomie défigurée révoltent par leur rudesse. Le feu du climat abrège le terme de ses jours, & augmentant la fougue de ses passions, il rétrécit la sphère de son âme: il cesse de pouvoir se gouverner lui-même & ne sort pas de l'enfance. En un mot, il devient un Nègre & ce Nègre devient l'esclave des esclaves[1].»

Les esclaves étaient cernés!

Tu as raison, c'était un véritable encerclement. Ils ne pouvaient appeler personne au secours. Ils ne pouvaient se réfugier nulle part. L'Église les avait proscrits, bannis de la communauté des hommes. Des spécialistes donnaient des arguments aux négriers pour apaiser leur conscience. Et l'État orchestrait ce juteux négoce.

L'État, tu dis?

Oui, l'État. Il était propriétaire de plantations domaniales. Il possédait d'immenses champs de canne dans lesquels travaillaient des esclaves. Les autorités

---

1. Cornelius Van Pauw, *Recherches philosophiques sur les Américains, Mémoires intéressants pour servir à l'histoire de l'espèce humaine*, t. II, nouv. éd. 1772.

françaises, espagnoles, portugaises, anglaises ont créé des compagnies nationales, c'est-à-dire des entreprises publiques qui avaient le monopole de ce commerce. Tu as dû lire déjà des choses sur la Compagnie des Indes occidentales, la Compagnie de l'Afrique équatoriale, etc. Ce monopole a duré jusqu'en 1716 en France, date à laquelle des lettres patentes émises par le royaume ont ouvert ce commerce aux entreprises privées. L'État n'a pas renoncé à tout. Il percevait des taxes sur le tonnage des bateaux qui assuraient le commerce triangulaire. Ces navires quittaient les ports atlantiques français, anglais, espagnols, portugais, chargés de marchandises diverses telles que bibelots, tissus, fusils. Ils accostaient en Afrique, dans les ports où étaient installés les comptoirs des compagnies de traite. Ils échangeaient leur cargaison contre des esclaves – hommes, femmes, enfants. Souvent les adolescentes étaient violées. Cela s'appelait « l'appareillage ». Les négriers prenaient du plaisir et, en plus, ils s'enrichissaient, car l'enfant qui naissait de ce viol était également vendu comme esclave. Des calculs étaient faits pour placer le plus d'esclaves possible dans les cales des navires. Comme des sardines en boîte. La peur, la faim, le froid, la chaleur, la saleté, les coups, rien ne leur était épargné. Arrivés aux Amériques, ils étaient vendus. Rarement par lots. Presque jamais en famille. Une mère à un maître, ses enfants souvent à différents acheteurs. Les cales des navires étaient alors chargées d'or, d'argent, d'épices, de sucre, de tabac, de coton. Direction : l'Europe. C'est le commerce triangulaire : de l'Europe, les navires chargés de tiges de fer, de fusils, de pièces de tissus, de bibelots divers ; d'Afrique, les cales chargées d'esclaves ; d'Amérique, les cargaisons de café, de cacao, de minerais précieux, d'épices ; et retour vers l'Europe.

Tout cela pour des bénéfices ?

Exactement. C'était un commerce fructueux. Des livres de négociants ainsi que leurs correspondances montrent que, eu égard aux risques de la navigation et aux aléas d'un tel commerce, il fallait que le rendement soit considérable. Ils étaient nombreux à investir dans cette activité plutôt que dans d'autres, y compris des placements beaucoup plus commodes. Ce commerce générait des activités économiques diverses qui pourvoyaient en recettes multiples les caisses de l'État. Celui-ci percevait les dividendes des compagnies de charte ou de privilèges. Il percevait les revenus des plantations domaniales. Lui revenaient les gains produits par les licences d'armement, les redevances sur cargaison, les taxes sur l'affranchissement des esclaves qui rachetaient leur liberté. C'était un véritable système économique avec des circuits de redistribution. Par exemple, l'État accordait également des dérogations et des exonérations fiscales pour doper l'initiative privée sur la traite. Il versait au clergé une allocation *per capita* pour chaque adulte, enfant ou nourrisson baptisé. Le clergé ne se gênait pas pour procéder à des baptêmes collectifs. Ainsi, l'État transférait à l'Église le contrôle des consciences, le clergé se chargeant de veiller à la soumission et à la docilité des esclaves en leur promettant le paradis céleste contre la patience durant l'enfer sur terre.

Tu n'imagines pas le nombre de villes portuaires européennes qui s'épanouirent autour de la traite. Lisbonne au Portugal, Liverpool, Londres, Bristol en

Angleterre, Glasgow en Écosse, Dublin en Irlande, Nantes, Bordeaux, Rouen, Le Havre, La Rochelle, Saint-Malo en France, Amsterdam et Rotterdam aux Pays-Bas, Hambourg et Glückstadt en Allemagne. Toutes ces villes appartiennent à l'Europe atlantique.

Ça en fait, des ports et des villes! Je savais pour Nantes, mais c'est tout.

Sans doute parce que Nantes a assuré 40 % du trafic négrier. Mais aussi probablement parce qu'elle a été la première des villes portuaires françaises à regarder son passé en face. Grâce à la curiosité et à la probité intellectuelle de chercheurs, d'enseignants et d'étudiants, grâce au dynamisme de certaines associations, grâce au courage et à la grandeur d'âme de son maire. Elle a ainsi, dès 1992, au cincentenaire de l'arrivée de Christophe Colomb aux Amériques, lancé un projet « Les anneaux de la mémoire » avec la double symbolique de la chaîne qui entrave et de l'anneau qui fait le lien, le maillon de la solidarité.

Avant la traite, les villes portuaires étaient pauvres?

Elles vivotaient pour la plupart grâce à une économie agricole ou très artisanale. Les villes les plus florissantes étaient situées sur les rives de la Méditerranée. La traite négrière a constitué un appel d'air pour le capitalisme européen qui recherchait des débouchés hors de l'Europe. Elle a déplacé le centre nerveux des activités économiques de la Méditerranée vers l'Atlantique.

La France en a largement bénéficié, mais elle n'a pas été la seule. L'Espagne qui au départ, favorisée par l'Église, détenait des privilèges et un quasi-monopole sur ce trafic maritime a décidé de vendre ses droits sous forme d'*asientos*. L'*asiento* qui, tu sais, en espagnol signifie…

Enregistrement, contrat, traité, droit à…

Exact. L'*asiento* était une sorte de licence, d'autorisation officielle qui cédait des droits de traite. Il servait de titre de commerce international. L'Espagne en a distribué aux Flamands, aux Génois, aux Portugais, aux Français, aux Anglais, de 1532 à 1759. Elle en a tiré d'énormes recettes fiscales. Et le trafic réel a été encore plus important à cause de la contrebande. Les *asientos* n'ont été supprimés qu'en 1817, lorsque l'Espagne a ratifié le Traité d'interdiction de la traite adopté au congrès de Vienne le 8 février 1815. Ce qu'ont fait également le Portugal et la France.

Tout s'achève enfin!

Hélas, non. Seule la traite est interdite. Pas l'esclavage.

Même par les laïcs?

Même par les laïcs, comme tu dis. Et tu as raison de faire la distinction parce que le Concordat signé en 1801, soit quatorze ans plus tôt, entre Napoléon et le pape Pie VII rétablissait des «relations normales entre l'Église et l'État après la Révolution». Quant au congrès de Vienne, tu as probablement appris à l'école que ce fut une humiliation pour la France, contrainte à la capitulation par la coalition formée par l'Angleterre, la Prusse, l'Autriche et la Russie. Des admirateurs nostalgiques de Napoléon Bonaparte portent encore la blessure de cette défaite. Mais pour nos ancêtres, cette France impériale vaincue, cet empereur Napoléon contraint à l'exil, c'est une embellie. Car ce traité du congrès de Vienne qui déclara la traite comme « répugnant à la morale universelle » prévoyait la mise en place d'une police maritime sous la responsabilité de l'Angleterre. Les infractions étaient nombreuses. Les États fermaient hypocritement les yeux sur le trafic que poursuivaient les négriers privés. L'esclavage continuait à prospérer. Les maîtres de plantations, les propriétaires de sucreries et de distilleries continuaient à s'enrichir grâce à la force de travail gratuite. Les sévices continuaient à pleuvoir sur les esclaves.

Et tout ça était permis par la loi ?

Oui, par le Code noir qui fut conçu par Colbert, ministre du Commerce, et édicté par Louis XIV en 1685, immédiatement applicable dans les colonies des Amériques, étendu à La Réunion en 1724. Dans l'article 44, les esclaves y sont déclarés « biens meubles ». Ils étaient officiellement considérés comme du mobilier, au même titre que les autres biens appartenant aux maîtres. Et dans la comptabilité des plantations, les esclaves étaient répertoriés dans la rubrique « cheptel ». À l'article 38, il était stipulé que le maître avait droit de vie et de mort sur ses esclaves, puisqu'il était autorisé à les marquer de la fleur de lis au fer rouge et à leur couper les oreilles à la première tentative de fuite, un « jarret » à la deuxième et à les pendre ou les écarteler à la troisième. Marqués comme des bêtes. Désignés comme des bêtes. Assassinés comme des bêtes. Même pas abattus comme bœufs et moutons. Fouettés. Torturés. Écartelés. Pendus. Sous l'autorité de l'État.

On sait combien de personnes ont supporté ça ?

Pas précisément. Il n'y a que des estimations. Les historiens se réfèrent aux carnets des navigateurs, aux «rôles», c'est-à-dire aux documents d'enregistrement des *asientos*, à diverses pièces administratives pour tenter d'élaborer des statistiques. Mais ils tombent rarement sur les mêmes chiffres, parce que la marge d'erreur est importante. Dans les deux sens. Par exemple, la contrebande ne peut être évaluée. Or il est évident qu'elle augmente le nombre de victimes par rapport à ce qu'indiquent les documents officiels. Mais on sait aussi que certains chiffres relevés dans les livres de bord des navires négriers étaient surestimés. Cela permettait aux armateurs de paraître puissants en affichant une plus grande surface économique qu'en réalité et d'accéder à certains privilèges.

Les historiens s'accordent néanmoins sur une fourchette de quinze à trente millions de personnes – hommes, femmes, enfants – déportées à fond de cale. Certains spécialistes considèrent par ailleurs que, pour un esclave parvenu aux Amériques, quatre à six ont péri durant les razzias, lors des révoltes, à la suite de maladies, d'exécutions, sans compter ceux qui se sont suicidés, pendant l'acheminement vers les entrepôts, que l'on appelait *captiveries* ou *baracons*, à Gorée au Sénégal, à Zanzibar en Tanzanie, à Ouidah au Dahomey, à Loango en Angola et au cours de la traversée maritime. Ainsi, soixante-dix à cent cinquante millions de personnes jeunes, vigoureuses, appartenant aux générations fécondes, auraient été arrachées à l'Afrique.

Tu as vu les dessins figurant les cales de bateaux négriers. L'organisation pour une déportation massive est évidente. Et il est vraisemblable que les conditions d'acheminement vers les côtes et la résistance aient provoqué une forte mortalité. De grosses pertes, comme notaient les négriers dans leur registre, en le déplorant. Il convient également d'ajouter les milliers d'esclaves jetés à la mer par les trafiquants après le congrès de Vienne. Dès qu'un navire patrouilleur était en vue, les marins des bateaux négriers avaient ordre de «jeter la cargaison par-dessus bord» pour éviter les amendes.

S'agissant de la traite transsaharienne dite «arabo-musulmane», pratiquée régulièrement entre le VIIe et le XVIe siècle, des évaluations approximatives font état de quatorze millions de victimes.

Les ambiguïtés de l'universel

Je suis horrifiée par tout ce que je viens d'entendre.
Mais où en sommes-nous aujourd'hui ? L'esclavage
devrait au moins être interdit et puni !

De fait, il est interdit. Et même abondamment dans
le droit international. À commencer par la Déclaration
universelle des droits de l'homme de 1948, dont l'article 4 dit que « nul ne sera tenu en esclavage ni en
servitude ; l'esclavage et la traite des esclaves sont
interdits sous toutes leurs formes ». En 1949, l'Organisation des Nations unies a adopté la Convention pour
l'abolition de la traite. D'autres textes internationaux
condamnent la traite et l'esclavage. Il en est ainsi de
la Convention européenne pour la sauvegarde des
libertés fondamentales, qui date de 1950 et consacre
son article 4 à ce sujet. C'est également le cas du Pacte
international sur les droits civils et politiques de 1966,
en son article 8 ; de la Convention américaine relative
aux droits de l'homme de 1969, en son article 6 ; de
la Charte africaine pour les droits de l'homme et les
droits des peuples de 1981, en son article 5. Jusqu'à la
Convention de Montego Bay sur le droit de la mer de
1982, qui stipule en son article 99 cette interdiction de
l'esclavage, pour faire face notamment aux situations

de passagers clandestins sur les navires de pêche et de la marine marchande. Enfin, la Conférence plénipotentiaire de l'Onu qui a clôturé en juillet 1998 à Rome ses travaux pour la création d'une Cour pénale internationale condamne et interdit la traite et l'esclavage.

C'est pas mal. Mais dis-moi, même le texte le plus ancien n'est pas bien vieux.

Ta remarque est pertinente. Ces textes sont abondants, mais postérieurs à la Seconde Guerre mondiale. Leur profusion, qui peut apparaître redondante, témoigne de l'effroi, de l'épouvante, de l'angoisse panique qui ont saisi l'Europe à la découverte de la Shoah. Elle qui s'était accommodée des abominations commises au nom de l'expansion capitaliste et de l'évangélisation tartuffe des sauvages découvrait sa capacité à organiser l'horreur absolue sur son propre sol, contre ses semblables. Elle en sort obsédée, honteuse, terrifiée. Évidemment, je suis injuste lorsque je parle de toute l'Europe. Car, comme je te le disais au début de notre conversation, il s'est toujours trouvé des hommes, parmi les asservis ou opprimés, mais aussi dans le «camp des oppresseurs», pour se lever, se dresser contre les abominations. Les résistants de la Seconde Guerre mondiale, français et européens, en furent. Toutefois, il n'est pas totalement faux de dire que c'est bien l'Europe qui est en cause, au sens où l'entendaient Frantz Fanon – quand il exhortait : «Quittons l'Europe» dans *Les Damnés de la terre* – et Aimé Césaire – quand il déplorait ce «moment où l'Europe est tombée entre les mains des financiers et des capitaines d'industrie les plus dénués de scrupules» dans le *Discours sur le colonialisme*. C'est par ses discours dominants et autorisés, ses actes légaux et officiels, son fonctionnement institutionnel qu'elle a préparé et légitimé ces formes singulières de tyrannie et d'extermination, y compris pendant le siècle des Lumières.

Pendant le siècle des Lumières ? Ce n'est pas ce que j'ai appris !

Qu'as-tu appris ? Que Condorcet, brillant écrivain humaniste, premier président de la Société des amis des Noirs, était un éminent abolitionniste ? Cela ne l'a pas empêché de proposer une abolition progressive qui s'étalerait sur soixante-six ans ! Soixante-six nouvelles années d'esclavage, au prétexte de préparer les sous-hommes qu'étaient nos ancêtres à résister aux tentations de la liberté ! Car, selon Condorcet, « avant de placer les esclaves au rang des hommes libres, il faut que la loi s'assure qu'en cette nouvelle qualité ils ne troubleront point la sûreté des citoyens ». Cela ne m'empêche pas d'entretenir une intense admiration à l'égard de ses combats pour l'instruction publique en faveur des garçons et des filles, et sa volonté que l'école forme des citoyens.

As-tu appris, ma chérie, que Mirabeau certes dénonçait « les tyrans coloniaux qui conservaient les Nègres au rang de bêtes de somme » et affirmait la nécessité d'abolir l'esclavage, mais préconisait lui aussi de n'y procéder que progressivement, au motif étonnamment égoïste que « les Blancs esclavagistes conserveront des mœurs, des habitudes, des principes qu'ils nous rapporteront au sein de la métropole où ils reviennent toujours » et que, ce faisant, ils mettront en péril la liberté inscrite dans la Constitution ?

As-tu appris que Voltaire aurait détenu des actions fort juteuses dans des sociétés de commerce négrier, lui qui s'est toujours battu contre la force de l'injustice et la violence des préjugés, lui l'athée qui, dans l'affaire Jean Calas, a investi une énergie opiniâtre pour faire réhabiliter un homme dont le seul vrai tort était de pratiquer une autre religion que celle du clergé dominant, le même Voltaire, qui, dans *Candide*, fait dire à un esclave nègre estropié : « C'est à ce prix que vous mangez du sucre en Europe » ?

As-tu appris que c'est entre 1788 et 1793, durant les belles années de la Révolution, que le volume d'affaires des armateurs négriers français fut le plus florissant ? Que ce commerce avait tellement prospéré que la proportion de population dans les colonies est passée de deux Noirs pour un Blanc, en 1700, à dix Noirs pour un Blanc en 1780 ?

As-tu appris que la Révolution de 1789 n'a pas aboli l'esclavage, que c'est seulement la Convention qui s'y est résignée en 1794, après force plaidoyers aux angles variés, d'indécents calculs sur les méfaits du marronnage[1] et quantité de considérations géopolitiques spéculant sur l'affaiblissement des Anglais, ennemis d'alors, à telle enseigne que, lorsque la Convention vota l'abolition, Danton s'exclama : « l'Anglais est foutu ! » ? Comme moi, tu aurais probablement préféré le cri : « Vive la liberté pour tous les hommes ! »

As-tu appris que le grand Napoléon Bonaparte, l'homme des conquêtes, de l'expédition d'Égypte et du Code civil, soucieux de préserver les intérêts des colons, grands propriétaires de plantations ou d'usines,

---

1. Actes de résistance (et de rupture) des esclaves qui quittaient les plantations pour vivre libres en forêt. Les autres formes de résistance dans les plantations consistaient en sabotages ou empoisonnements.

comme sa belle-famille, s'est empressé de rétablir l'esclavage en 1802 ? As-tu appris que le théologien Bellon de Saint-Quentin propageait encore en 1764 les théories sur la malédiction de Cham ? As-tu appris que l'immense Toussaint Louverture[1], qui s'est rallié à la Révolution française, a combattu les Anglais, avec grade de général dans l'armée française, qui a conquis l'indépendance d'Haïti, construit une administration efficace, créé une institution judiciaire civile et militaire, rédigé un code civil et un code commercial, fait percer des routes et développé l'agriculture, ce génial Toussaint Louverture fut, par ruse, mis aux arrêts à Port-au-Prince, déporté par bateau en juin 1802 et emprisonné au fort de Joux, dans le Jura, sur les ordres de Bonaparte ? Qu'il y fut humilié, dépouillé de ses vêtements en plein hiver, privé de nourriture et de lumière, la lucarne de la cellule ayant été obstruée aux trois quarts ? Qu'il y mourut de froid, de faim et de désespoir ? Qu'il n'eut pas droit aux égards réservés aux prisonniers de guerre, ni même à un traitement inspiré par un minimum d'humanité ?

C'est brutal !

Bien sûr que c'est brutal. C'est une atteinte à la légende des Lumières. *La Légende des siècles* est plus attachante. Et Hugo, quoique libéral, quoique

---

1. Toussaint Louverture (1743-1803) : fils d'esclaves, général et homme politique haïtien, chef du mouvement d'indépendance de l'île. Il organisa en 1791 un mouvement de révolte des Noirs contre les planteurs de Saint-Domingue (aujourd'hui Haïti). Il se rallia en 1794 à la France révolutionnaire qui venait d'abolir l'esclavage. Nommé général en chef des armées de Saint-Domingue, il proclama en 1800 l'indépendance de l'île et s'en fit gouverneur à vie. En 1802, Napoléon rétablit le pouvoir français sur l'île. Toussaint Louverture fut vaincu, capturé et accusé de conspiration.

ambigu dans *Bug Jargal*[1], demeure plus stimulant que Jubelin, Richepance[2] et Rochambeau[3], que l'on nous a appris à vénérer au coin de nos rues mal nommées. Richepance s'est montré d'une extrême fourberie

1. *Bug Jargal* a été écrit par le jeune Victor Hugo qui, à l'époque, abhorre la Révolution française, venue à bout de l'ordre royaliste, en raison de la violence qu'elle a générée. Il est influencé par un Chateaubriand rageusement hostile à la Révolution noire (Haïti). Cette révolution fascine pourtant Hugo, qui va tenter de la décrire et de l'expliquer. Il défend alors le colonialisme esclavagiste, mais rêvera d'un colonialisme propre. Dans ce livre, ainsi que le note Roger Toumson (in *La Transgression des couleurs*, tome I, Éditions Caribéennes, 1989), « Le bien est dans le mal et le mal dans le bien. Bug Jargal est noir mais noble et beau. Léopold, quoique blanc, héritier de colon et colon lui-même, est l'ami d'un esclave. Autrement dit, si le colonialisme esclavagiste est mauvais, il y a néanmoins en lui quelque chose de bon… Certains propriétaires d'esclaves sont cruels, d'autres sont humains. Les Noirs sont féroces, mais Bug est bon. Victor Hugo énonce ainsi l'égalité des contraires et finit par accepter l'ordre esclavagiste établi. » Il est intéressant de noter qu'après *Bug Jargal*, écrit alors qu'il n'avait que seize ans, Hugo va mieux comprendre l'horreur de l'esclavage à travers la figure et le combat de John Brown, Blanc abolitionniste aux États-Unis pour lequel il écrira le 2 décembre 1859 une très belle lettre aux fins d'obtenir qu'il ne soit pas pendu. Il franchit le dernier pas en perdant ses préjugés sur les « Nègres » en répondant en mars 1860 au rédacteur en chef haïtien du journal *Le Progrès*, M. Heurtelou.

2. Antoine Richepance (1770-1802) : général français. Maréchal des logis au début de la Révolution, il prit part à de nombreuses campagnes et fut nommé général en 1800 à Novi. Il mena plusieurs combats victorieux cette année-là (Waldshut, Kirchberg, Hersdorf, Hohenlinden) avant d'être envoyé en Guadeloupe par Napoléon avec ordre de mater le soulèvement dirigé par un officier mulâtre, Louis Delgrès, et d'y rétablir l'esclavage. La répression brutale dont il fut l'implacable maître d'œuvre à la tête du corps expéditionnaire français fit plusieurs milliers de morts héroïques. Il y périt de la fièvre jaune.

3. Rochambeau (1750-1813) : général français. Participe à la guerre d'Indépendance américaine sous le commandement de son père ; puis il est envoyé à Saint-Domingue, ensuite à la Martinique, qu'il reprend aux Britanniques en 1793, lesquels la reprennent à leur tour en 1794. De retour à Saint-Domingue en 1802 après une participation à la campagne d'Italie, il s'y fait une sinistre réputation en favorisant l'importation de Cuba et l'élevage à Saint-Domingue de chiens bouledogues formés à attaquer et à déchiqueter les Nègres. En 1803, il se rend aux Britanniques, dont il reste prisonnier jusqu'en 1811. Il meurt à Leipzig au cours de la campagne d'Allemagne.

envers le vaillant colonel d'infanterie Louis Delgrès[1] et d'une grande cruauté lors du rétablissement de l'esclavage en Guadeloupe en 1802. L'administrateur Jean Jubelin s'opposait à la scolarisation des enfants noirs et à l'alphabétisation des adultes en alléguant que « déjà ces Nègres ne savent pas quoi faire de la liberté, si vous les envoyez à l'école, ils se croiront tout permis ». Tu vois, ma brutalité n'est rien comparée à la violence de cette conception d'une liberté supervisée, quadrillée, échelonnée. Dis-moi où ces humanistes prudents ont égaré l'égalité des hommes revendiquée dans leurs envolées lyriques ? Où est la fraternité entre les peuples, chantée dans leurs plus belles pages ? Et quelle férocité, quelle barbarie chez ceux qui, ouvertement, soutenaient l'esclavage !

Mais quand même, la France des libertés, ce n'est pas une vue de l'esprit ?

La liberté semble s'accommoder diversement.

Une chose d'abord : si je te dis « Terre de la liberté », à quel pays penses-tu ?

1. Louis Delgrès (Guadeloupe, 1766-1802) : colonel de l'armée française, rebelle et opposant déterminé au rétablissement de l'esclavage en 1802, il est l'un des personnages les plus prestigieux de l'histoire de la Guadeloupe. Il sert d'abord dans l'armée des républicains français à la Martinique et est nommé capitaine à titre provisoire. En janvier 1802, promu colonel d'infanterie, il est placé à la tête de l'arrondissement de Basse-Terre. En mai 1802, il s'oppose aux troupes du général Richepance qu'il suspecte de vouloir rétablir l'esclavage. Après de meurtriers combats, il évacue le fort Saint-Charles et se replie sur les hauts de Matouba. Richepance fait donner l'assaut à l'habitation Danglemont (Matouba) où Delgrès a installé son quartier général. Delgrès, blessé, ainsi que plusieurs centaines d'hommes décident alors de se suicider en se faisant sauter avec des barils de poudre. Cette mort héroïque, le 28 mai, installe à jamais Delgrès et ses hommes au panthéon de l'histoire de la Guadeloupe. À ses côtés se trouvent deux femmes exceptionnelles, Marie-Louise Toto et Solitude, la mulâtresse qui sera pendue le lendemain de son accouchement.

Aux États-Unis, bien sûr. Mais c'est autre chose !

C'est presque la même chose. Les États-Unis jouissent aujourd'hui encore de la réputation d'être une terre de liberté. À moins de convenir d'une liberté WASP (White Anglo-Saxon Protestant), il faudrait creuser longtemps pour déterrer la liberté dans ce pays qui s'est construit sur les massacres et l'expropriation des Amérindiens, sur la traite et l'esclavage des Africains dans les plantations de canne, de coton, de tabac, dans les grands travaux pour barrer les fleuves. Les lynchages de Nègres avaient encore lieu ouvertement jusqu'en 1968, parfois pour des motifs aussi futiles qu'une parole insolente ou un regard appuyé, mais, de toute façon, pour le motif premier d'être nègre et d'être là. Ces lynchages étaient une distraction savourée en famille, devant des enfants hilares et imaginatifs qui accompagnaient de leurs propres jeux la cruauté des adultes en arrachant aux victimes leurs ongles, en leur découpant les oreilles, en leur crevant les yeux, en leur écorchant la peau du visage. Eh ! ne tourne pas de l'œil.

C'est dans ce pays que les Africains américains constituent 50 % de la population carcérale lorsqu'ils ne sont que 12 % de la population totale, que les gouverneurs font encore exécuter des êtres humains, même malades mentaux, même mineurs. Alors que l'article 6-5 du Pacte international des droits civils et politiques stipule qu'«une sentence de mort ne peut être imposée pour des crimes commis par des personnes âgées de moins de dix-huit ans», le premier mineur exécuté par jugement avait quatorze ans. Africain américain, il s'appelait George Junius Stinney. Il commit l'erreur de signaler à la police les cadavres de deux fillettes violées en Caroline du Sud. On l'accusa des viols. Son procès, avec jury et avocats blancs, a duré deux heures ; la délibération, dix minutes ! Trop petit pour la chaise électrique, il dut être assis sur une bible. C'était en 1944. Il fut réhabilité soixante-dix ans plus tard. Innocent !

Ajoute à cela que sept condamnations à mort sur dix sont cassées en appel par ceux qui ont l'argent pour se payer un avocat, qu'un tiers des condamnés ont été innocentés, que deux à trois mois suffisent en moyenne pour condamner à mort alors que dix à vingt ans sont nécessaires pour corriger une erreur judiciaire avérée. Tu comprendras que, victime ou accusé, il vaut mieux être blanc et riche dans ce pays où, dans l'État du Kentucky par exemple, les condamnations à mort concernent exclusivement des meurtres de Blancs, alors que plus de mille Noirs y ont été tués dans la même période. C'est sur cette Terre de liberté que l'esclavage était encore inscrit dans les lois de l'État de Virginie en 1980. Hasard, l'année où la Mauritanie fut le dernier État de l'Onu à abolir l'esclavage. Dans ces textes, pas encore dans les faits !

Mais c'est l'enfer !

Pour être juste, il faut rappeler que le tout premier mouvement abolitionniste est également né aux États-Unis, quand ils n'étaient encore qu'un ensemble de colonies anglaises. C'était en 1688, le mouvement des Quakers en Pennsylvanie – État du nom de son fondateur William Penn, dont la capitale porte le nom symbolique de Philadelphie, ville de l'amour fraternel. En 1759, soit trente ans avant la Révolution française, dix-sept ans avant l'Indépendance américaine, les Quakers décidèrent d'exclure de leur communauté ceux des leurs qui participaient à la traite. Le Vermont fut le premier État à abolir l'esclavage en 1777, un an après la Déclaration d'indépendance. Note cependant que les pères de l'Indépendance des treize colonies, auteurs de la Déclaration d'indépendance, ont palabré et discutaillé des jours durant sur la question de l'abolition de l'esclavage. Pour finir sur un compromis peu glorieux : les Amérindiens y sont traités de *mercilesss savages* («impitoyables sauvages») et les esclaves demeurent dans la propriété des maîtres, droit explicitement réaffirmé. Pas étonnant que, seize ans plus tard, en 1793 – l'année de l'invention de l'égreneuse à coton –, soient adoptées dans d'autres États de nouvelles lois réprimant plus durement les esclaves fugitifs. Et l'esclavage ne fut aboli officiellement qu'en janvier 1865, par l'adoption du treizième amendement, sous l'impulsion tenace du président Abraham Lincoln qui sera assassiné. Prosaïquement ou cyniquement, les Nègres étaient reconnus aptes à être enrôlés pour la guerre dès 1775. Autorisés à verser leur sang pour la nation plus d'un siècle plus tôt, après l'avoir déjà tant versé pour les maîtres.

Aujourd'hui encore, c'est l'enfer pour des millions d'Africains américains et des milliers de Blancs pauvres et illettrés qui croupissent injustement dans les prisons. Terre de liberté ? Laissons Mumia Abu Jamal, emprisonné et condamné à mort depuis plus de trente ans à la suite d'un procès bâclé, nous le dire. Ancien Black Panther et probablement condamné à ce titre, il le raconte dans ses livres d'où se dégage une époustouflante sérénité. Terre de liberté ! Interrogeons le fantôme d'Odell Barnes, ce jeune homme de trente et un ans, condamné à mort sur le seul témoignage imprécis d'un voisin pourtant contredit par l'expertise médico-légale, exécuté en 2000 dans l'État du Texas, par ordre du gouverneur George Bush, élu peu après président de la plus grande puissance du monde dit libre. Terre de liberté ! Allons questionner l'âme tourmentée d'Amadou Diallo, ce jeune Guinéen abattu de quarante et une balles dans le dos par quatre policiers blancs qui, dans la pénombre, ont estimé que cet employé d'épicerie qui rentrait chez lui après une journée de travail avait une vague ressemblance avec un violeur recherché. Demandons-lui si son âme, torturée par l'impunité que le tribunal de New York a offerte à ces policiers blancs, trouvera jamais la paix. Tant qu'à faire, entrons donc dans la danse des âmes tourmentées. Celle de Crispus Attucks, premier martyr noir de la guerre d'Indépendance lors du massacre de Boston. Celles de Herbert Lee, Medgar Evers, Jimmy Lee Jackson, Sammy Younge Jr., militants étudiants assassinés. Celles d'Andrew Goodman, Michael Schwerner et James Chaney, étudiants volontaires pour « l'été de la liberté », disparus sans laisser de traces dans le Mississippi. Celles des quatre fillettes noires tuées par l'attentat à la bombe dans l'église de Birmingham. Celles des Panthères noires abattues sans sommation. Celle de George Jackson, lâchement assassiné dans la prison de Soledad. Celle de Hurricane Carter, qui a purgé vingt-deux ans de prison pour le seul bon plaisir d'un inspecteur de police raciste. Celles des petites filles noires violées et confinées au silence. Celles de ces milliers de victimes qui attendent le procès du Ku Klux Klan. Et ces suppliciés d'Atlanta, de Selma, de Tuskegee, de Little Rock, de Springfield, de New Orleans ne sont que quelques noms piochés dans l'interminable liste des victimes de ce que les historiens appellent pudiquement les « émeutes raciales » et qui balisent la route sinueuse de la conquête des droits civiques aux États-Unis. Des droits civiques, même pas du pouvoir ! Imagine la désolation des esprits errants de ces hommes exécutés parce que suspects, suspects parce que nègres. Et à tous âges. Michael Brown, dix-huit ans. Trayvon Martin, dix-sept ans. Tamir Rice, douze ans. Et en toutes circonstances. Eric Garner vendeur à la sauvette, asthmatique. Akai Gurley, dans la cage d'escalier. Tous sans armes ! Selon un rapport de l'Onu, ils seraient plus d'un millier par an ainsi abattus sur la voie publique, sans désordre particulier. Contrôle au volant, contrôle de rue, contrôle au faciès ! Les préjugés, les clichés, la peur, la force brute, l'impunité, voilà le cocktail atomique de ceux qui se shootent à la suprématie blanche.

Bien. Dois-je m'apprêter à écouter religieusement les explications lumineuses que vous me ferez somptueusement l'honneur de m'exposer sur la France des libertés ?

C'est ça, moque-toi. L'insoutenable légèreté de l'être est un privilège de ta génération. Mon intention n'est pas de nier les idées progressistes de la Révolution française. Il existe d'ailleurs un courant de pensée qui considère que la France « moderne » est directement issue et encore fortement imprégnée de cette Révolution. Je ne saurais être plus royaliste que le roi, fût-il décapité. D'ailleurs, je le pense assez volontiers s'agissant de ses institutions et du rapport du peuple aux institutions. Néanmoins nous ne devons pas nous satisfaire de la surface ou de l'apparence des choses, des êtres et des cultures. Et vois-tu, parce que je suis profondément attachée à un idéal de fraternité, entièrement convaincue que la diversité est vitale pour l'humanité, absolument sûre qu'une cause n'est universelle que tant qu'elle grandit tout l'homme et partout, je sais trop que de belles paroles peuvent couvrir des crimes odieux. Je ne peux faire semblant et ignorer que la Ire République s'est gargarisée de principes qu'elle n'a appliqués que parcimonieusement aux opprimés français en métropole, et chichement aux esclaves dans les colonies. Bien sûr, tout cela se déroulait dans une grande effervescence intellectuelle. Turbulences politiques, querelles partisanes attestaient la vivacité des conflits et la vitalité des forces de chaque camp. Les contributions littéraires et politiques étaient vives. Les œuvres étaient belles et audacieuses. Les joutes étaient âpres. Les fortes et nobles voix qui s'élevèrent ne furent pas toutes absolument idéalistes. Indignées, certes, mais d'une indignation apprivoisée. Les considérations éthiques voisinaient avec les préoccupations économiques. À de rares exceptions près. Les arguments développés par les abolitionnistes témoignaient d'ailleurs davantage du niveau de conscience de ceux qui avaient pouvoir de décision que de leurs propres convictions, que je veux rêver plus généreuses. Car, de fait, les raisonnements économiques supplantaient largement les professions de foi éthiques sur l'égalité et la fraternité entre les hommes.

Les positionnements étaient analogues à ceux de la guerre de Sécession aux États-Unis en 1860, où les nordistes, réputés abolitionnistes, défendaient en même temps et en substance les intérêts des États industriels du Nord contre la concurrence des États agricoles du Sud, jugée déloyale à cause de la main-d'œuvre servile, donc gratuite. Là aussi, à de rares exceptions près, les difficultés rencontrées, après la guerre et l'abolition promulguée par le président Abraham Lincoln, par les soldats noirs, les anciens esclaves et les authentiques abolitionnistes témoignent que l'esclavage n'était pas l'enjeu central de cette guerre. Certes, pour les Africains américains de cette époque, il valait mieux vivre dans le nord que dans le sud du pays. Et aujourd'hui encore, il vaut mieux. Sais-tu que, en 2002, la Virginie a refusé l'occasion qu'elle avait de changer de drapeau et a préféré conserver le drapeau confédéré ? Fière de son histoire d'intolérance. Moins vite on peut entendre les histoires familiales douloureuses de ceux dont les grands-parents se sont engagés, parfois adolescents. Il demeure qu'ils étaient dans le camp de l'injustice et de l'intolérance.

Tu sembles obnubilée par les États-Unis !

J'avoue que je suis plus angoissée que subjuguée par les contradictions de ce conglomérat d'États. On y trouve le pire et le meilleur. Et surtout, je ne suis pas fascinée. Des historiens professent que la Révolution américaine est la matrice de la Révolution française et Alexis de Tocqueville[1] est considéré comme un grand penseur de la démocratie. Le sort réservé aux Nègres ne m'incite pas à partager son admiration pour cette « démocratie ». La Déclaration d'indépendance des États-Unis est souvent brandie comme le texte fondateur des libertés des personnes et des peuples et de leurs droits à refuser l'oppression. Je suis, pour ma part, accablée par la mention, dans cette Déclaration, des Amérindiens comme *merciless savages*, que ces champions de la démocratie ont dépouillés de leur terre,

1. Alexis de Tocqueville (1805-1859) : auteur de l'essai de sociologie politique intitulé *De la démocratie en Amérique*.

de leur culture et de leur identité. Je suis consternée par ce droit de propriété sacralisé et par le silence sur la population noire, propriété suprême, preuve – s'il en était besoin – du maintien de l'esclavage.

Pourtant, le premier projet de Déclaration d'indépendance, rédigé par Thomas Jefferson, contenait une vive dénonciation de l'esclavage. Il est vrai qu'il en rendait seul responsable le roi George III d'Angleterre en lui reprochant d'avoir « déclaré une guerre cruelle contre la nature humaine elle-même, en violant les droits les plus sacrés de la vie et de la liberté en la personne d'un peuple lointain qui ne l'avait jamais offensé ». Médite en passant sur cette capacité magistrale qu'ont les États-Unis à énoncer ou à laisser entendre qu'ils sont des anges et que le mal est toujours ailleurs, chez les autres. Mais les délégués des colonies sudistes savaient que la guerre d'Indépendance déclarée contre l'Angleterre avait pour principal mobile le refus de la politique fiscale du roi George III, en quête de fonds pour renflouer les caisses de la Couronne vidées par les guerres contre les Amérindiens et contre les Français.

C'est pourquoi le texte finalement adopté réaffirmait le droit de propriété, notamment sur les esclaves, qui faisaient partie de leurs biens mobiliers et de leur cheptel. La Constitution des États-Unis faisait une distinction entre « les hommes libres et les autres personnes ». Et en 1857, la Cour suprême décrétait qu'aucun Noir ne pouvait être citoyen des États-Unis. Tu comprends que je ne puisse être béate d'admiration devant cette prétendue Terre de liberté qui nourrit les fantasmes européens. Mais soyons méthodiques. Nous parlions des textes interdisant ou condamnant l'esclavage.

Et nous avons répertorié ces nombreux textes interna-
tionaux qui condamnent cette pratique. Au fait, pour-
quoi en fallait-il autant ?

Excellente remarque ! On dirait que lorsque la communauté internationale constate son incapacité à imposer ses prescriptions, elle tente de conjurer cette impuissance par la redondance. Elle se répète, comme pour être sûre d'être entendue. Mais peut-être aussi pour être sûre de sa propre volonté.

Ces textes internationaux, ils s'appliquent à tous les pays ?

Ils sont censés s'appliquer aux pays signataires. En général, les conventions et traités internationaux sont signés par les gouvernements, et ils doivent être ratifiés par les Parlements nationaux. Il arrive même que la ratification soit soumise à référendum, lorsque l'enjeu politique interne peut se révéler crucial. En 1992 par exemple – tu étais toute jeune –, le traité de Maastricht sur l'Union européenne a fait l'objet d'un référendum en France. Ces traités prévalent sur la législation nationale, quand elle leur est contraire. C'est ainsi que procèdent la France et la plupart des pays européens. En général, la France ratifie assez rapidement les traités internationaux (les plus récents concernaient les mines antipersonnel et la Cour pénale internationale), ce qui n'en fait pas forcément la championne de la mise en application des traités ratifiés.

J'imagine que la législation de la France, patrie des droits de l'homme, ne contient pas de dispositions contraires aux textes d'interdiction et de condamnation de la traite et de l'esclavage ?

Tu as raison, même s'il nous faudra revenir sur la notion de patrie des droits de l'homme. Pour autant, le droit français est un peu général. Le décret du 27 avril 1848 rédigé par Victor Schœlcher, qui abolit l'esclavage pour la deuxième fois, stipule seulement que « l'esclavage est un attentat contre la dignité humaine », car il « supprime le libre arbitre ». Le nouveau Code pénal français de 1994 classe l'esclavage parmi les « *autres* crimes contre l'humanité », par référence au génocide. L'esclavage apparaît donc comme un terme générique, il n'est ni daté ni localisé.

Mais grâce à ta loi[1], la traite et l'esclavage seront enfin reconnus crime contre l'humanité !

Ce n'est pas *ma* loi. Il y a une habitude qui consiste à accoler à une loi le nom de l'auteur de la proposition. Mais toute proposition de loi amendée et votée devient une loi de la République. Les lois sont des constructions collectives. Elles sont des compromis qui témoignent du travail commun et du niveau de conscience universelle qu'assument et édictent les institutions à un moment donné, ce moment s'étalant sur tout le temps de maturation que permet la navette parlementaire. La loi visant à faire reconnaître la traite et l'esclavage comme crime contre l'humanité dit précisément en son article premier que « la République française reconnaît que la traite négrière transatlantique ainsi que la traite dans l'océan Indien d'une part, et l'esclavage d'autre part, perpétrés à partir du XVe siècle, aux Amériques et aux Caraïbes, dans l'océan Indien et en Europe contre les populations africaines, amérindiennes, malgaches et indiennes constituent un crime contre l'humanité ».

1. Voir en annexe p. 177.

Le texte contient cinq autres articles, tous relatifs à ces abominations particulières qu'ont été la traite négrière qui a saigné l'Afrique durant plus de quatre siècles, les massacres puis le génocide amérindien aux Amériques et en Caraïbe, l'esclavage qui a désagrégé les sociétés, les cultures, les identités et les personnalités de millions d'Africains, Amérindiens, Malgaches, Indiens. L'article premier de la proposition de loi était différent. Voici comment je l'avais rédigé : « La République française reconnaît que la traite négrière transatlantique et l'esclavage, perpétrés du XVe au XIXe siècle par les puissances européennes contre les populations africaines déportées aux Amériques, constituent un crime contre l'humanité. » Tu auras observé que le terme précis et tragique « déportées » a disparu. De même que la désignation des puissances européennes esclavagistes.

Le crime contre l'humanité

Que réponds-tu à ceux qui disent que le crime contre l'humanité n'existe que depuis la fin de la Seconde Guerre mondiale et qu'on ne peut utiliser un concept nouveau pour un fait passé ?

À ceux qui sont de mauvaise foi, et ce sont les plus nombreux, je réponds que je refuse de plonger dans les profondeurs bourbeuses dans lesquelles ils pataugent. C'est faire preuve d'obscénité que de chicaner sur l'histoire des mots pour désigner des faits ayant entraîné la dérive durable d'un continent entier, la capture de personnes vigoureuses qui, par leur travail, bâtissaient la prospérité d'autres continents. Ce qui a emporté dans un tourbillon de désespoir des enfants arrachés à leur mère, des femmes arrachées à leur lignage, des hommes arrachés à leur terre. Et toutes les exactions qui ont suivi.

Et que réponds-tu à ceux qui sont de bonne foi ?

D'abord, que la connaissance de ces faits appelle le recueillement. Ensuite, que la Shoah a également précédé la définition du crime contre l'humanité, puisque c'est le Tribunal militaire international de Nuremberg qui a établi et consacré le concept. Et que la question posée, en l'occurrence, est celle de la rétroactivité, qui consiste à appliquer à des actes des textes élaborés après que ces actes ont été commis. Aussi bien les juges que la communauté internationale à travers les conventions sur les droits de l'homme ont considéré que la non-rétroactivité ne pouvait être invoquée pour faire obstacle à l'action judiciaire à l'encontre de coupables d'actes ou d'omissions (oui !) tenus pour criminels en vertu des « principes généraux du droit reconnus par l'ensemble des nations ».

Oui, mais peu de temps s'était écoulé depuis les faits. On peut comprendre cette contorsion pour arriver à punir les nazis.

Évidemment. Je n'ose même pas imaginer que les juges et les nations libres auraient pu s'incliner devant le principe de la non-rétroactivité des lois et donner ainsi la preuve de leur impuissance à juger et à condamner. D'ailleurs, certains ont tenté de discréditer le TMI en arguant qu'il était l'instrument de la force des vainqueurs et non un tribunal. Ce n'est pas absolument faux. Au moins, la force des vainqueurs s'est constituée en instrument de droit, avec des statuts et une juridiction, des audiences publiques et soumises au débat contradictoire. Il demeure que toi, moi et des millions de personnes aurions trouvé scandaleux, lâche et criminel un argument qui aurait consisté à se prévaloir de la non-rétroactivité des lois, belle conquête démocratique, pour laisser impunie l'extermination des Juifs. Quant au temps écoulé entre les faits et les textes, la question n'est pas là. Elle est dans le principe. On écorche un principe pour une raison supérieure ou on ne l'écorche pas.

Et comment expliques-tu qu'on ait prévu à temps un tribunal et des lois pour la Shoah et pas pour la traite et l'esclavage ? Peut-être parce que les esprits étaient plus mûrs après la Seconde Guerre mondiale ?

On ne peut se gargariser du siècle des Lumières, de valeurs universelles, de principes de droit, et en même temps supputer que les esprits pouvaient ne pas être assez mûrs au XXᵉ siècle. La traite, l'esclavage, les massacres coloniaux qui ont précédé l'Holocauste, et qui malheureusement le portaient en germe, frappaient des hommes lointains, d'apparence différente[1]. C'est en se découvrant capable des mêmes abominations, domestiquant à dessein les techniques, agissant sur son propre territoire, contre des hommes semblables de toute apparence que l'Europe réalise, horrifiée, combien l'homme imbu de sa prétendue supériorité peut être habité par le mal absolu. Ce qui fait dire à Frantz Fanon : « Tournons le dos à cette Europe qui ne cesse de parler de l'homme tout en le massacrant à chaque coin de rue. »

Tu penses, en clair, que tant que c'étaient des Nègres qui se faisaient massacrer, les protestations suffisaient. On n'avait pas besoin d'inventer des lois ni de punir les coupables ?

Je crains qu'il n'y eut effectivement en Europe une échelle de la compassion, une indignation à géométrie

1. « [...] il vaudrait la peine [...] de révéler au très distingué, très humaniste, très chrétien bourgeois du XXᵉ siècle qu'il porte en lui un Hitler qui s'ignore, [...] et qu'au fond, ce qu'il ne pardonne pas à Hitler, ce n'est pas le *crime* en soi, *le crime contre l'homme*, ce n'est pas *l'humiliation de l'homme en soi*, c'est le crime contre l'homme blanc, c'est l'humiliation de l'homme blanc, et d'avoir appliqué à l'Europe des procédés colonialistes dont ne relevaient jusqu'ici que les Arabes d'Algérie, les coolies de l'Inde et les nègres d'Afrique », Aimé Césaire, *Discours sur le colonialisme*.

variable. Le constater ne suffit pas. Il faut se battre pour faire progresser le principe d'une humanité indivise.

Aurait-on pu qualifier la traite et l'esclavage de génocide ?

Au regard de la définition du génocide, on pourrait dire non. Si l'on retient la définition contenue dans la convention de l'Onu du 9 décembre 1948, le génocide qualifierait les actes « commis dans l'intention de détruire, en tout ou en partie, un groupe national, ethnique, racial ou religieux, comme tel ». La convention précise les actes concernés, qui seraient « le meurtre de membres du groupe, l'atteinte grave à l'intégrité physique ou mentale du groupe, la soumission intentionnelle du groupe à des conditions d'existence devant entraîner sa destruction physique totale ou partielle, les mesures visant à entraver la naissance au sein du groupe, les transferts forcés d'enfants du groupe à un autre groupe ». Il est évident que cette définition est très contextualisée, au sens où elle a été conçue sur mesure pour définir la Shoah, même si le terme existait auparavant. Le dernier motif, à savoir le transfert forcé d'enfants, se réfère manifestement au Lebensborn, programme nazi de sélection de bébés.

Tous ces actes s'accorderaient à l'esclavage, à l'exception notable des mesures visant à entraver la naissance au sein du groupe. Au contraire, les esclavagistes « sélectionnaient » des hommes étalons, comme on fait avec les boucs, les taureaux ou les verrats, pour assurer la reproduction et l'augmentation de leur capital. Cela leur coûtait moins cher que d'en racheter, particulièrement après l'interdiction de la traite qui augmentait les prises de risque des négriers, donc le prix de vente des esclaves. D'autant plus que les conditions de travail qu'ils infligeaient aux esclaves raccourcissaient notablement leur espérance de vie. Si le génocide n'est pas inscrit dans l'intention, il l'est dans les faits. Il l'est du fait des millions de morts provoqués par les razzias de villages, l'acheminement vers les côtes, les exécrables conditions sanitaires en fond de cale, les révoltes, les suicides, les innommables conditions de travail, les châtiments corporels, les mutilations et assassinats légaux, le supplice psycho-affectif. Et c'est le problème des définitions : elles figent dans des catégories les méfaits humains qui ont malheureusement toujours sur elles une longueur d'avance. Il me paraît évident que les massacres d'Amérindiens, à partir du moment où ils sont devenus systématiques, constituent un génocide, le but ayant été de les exterminer pour leur confisquer terres et richesses.

La notion de crime contre l'humanité convient donc mieux à ce que furent la traite et l'esclavage ?

Le génocide est un crime contre l'humanité. Le nouveau Code pénal français, à la suite de la réforme de 1994, traite des crimes contre l'humanité en ses articles 211 et 212, l'un portant sur le génocide, l'autre intitulé « Des autres crimes contre l'humanité ». Comme le génocide, le crime contre l'humanité n'est pas défini dans l'absolu, mais à travers divers actes.

Une réflexion de très grande qualité est en cours, menée par d'éminents juristes – universitaires et praticiens –, philosophes, psychanalystes, médecins, qui œuvrent à définir le contenu du crime contre l'humanité, au regard de la diversité des actes pouvant y prétendre et de la nécessité d'anticiper les risques nouveaux. Les travaux de Mireille Delmas-Marty, de Pierre Truche, d'André Froissard et d'Emmanuel Jos éclairent significativement le sens et la portée du crime contre l'humanité. Ils nous enseignent que c'est la négation de l'humanité de la victime, le fait de l'évincer de la famille humaine qui d'abord constitue le crime, replaçant les querelles statistiques à leur place. « Ce ne sont ni le nombre des victimes ni l'intensité de leur souffrance mais la négation de la part d'homme éternel qui est en chacun » qui constitue un crime contre l'humanité. L'état de guerre n'est donc pas le seul cadre où il puisse être perpétré. Et pour ma part, je ne vois pas de concept plus pertinent pour embrasser la totalité de ce que furent la traite et l'esclavage. Pouvait-on nier davantage l'humanité de ces enfants, de ces femmes, de ces hommes qui furent razziés, marqués au fer, enchaînés, entravés, violés, frappés, vendus par lots ou séparément, mutilés, écartelés, assassinés en toute légalité ? Les conditions de nombre sont satisfaites. La souffrance intense est bien réelle. Mais par-dessus tout, ce sont le déni, l'écrasement, l'anéantissement de l'essence humaine de chacun des esclaves qui constituent le crime contre leur humanité, contre toute humanité, contre l'humanité. Et que les hommes n'aient inventé le nom de leur crime que plus d'un siècle après avoir cessé de l'accomplir n'efface ni n'adoucit les dommages et la perversion.

Il est quand même bizarre de réaliser que beaucoup de temps a passé et que tout ça est resté dans le plus grand silence.

Le silence officiel. C'était d'ailleurs une recommandation martelée par les gouverneurs qui ont lu publiquement le décret d'abolition aux populations rassemblées : « Nous devons oublier le passé. Il n'y a plus dans les colonies que des hommes libres et des frères. » Les oppresseurs avaient tout intérêt à organiser cet oubli. Les anciens esclaves, non. Mais le rapport de force leur était défavorable. Les anciens esclavagistes conservaient les terres et recevaient en outre des indemnités pour compenser la perte de main-d'œuvre gratuite. L'engagisme, qui consistait à faire venir des travailleurs des pays d'Asie contre de bas salaires, visait en quelque sorte à remplacer l'esclavage. Les décrets contre le vagabondage pris par les gouverneurs, permettant de renvoyer sur les plantations les affranchis qui refusaient le travail salarié, l'obligation faite à tous, y compris aux femmes mariées, de présenter un livret de travail ont installé les anciens esclaves dans la dépendance et la précarité. Le pouvoir de répression pour la sauvegarde du système économique est passé du maître à l'institution judiciaire. Celle-ci étant dans les colonies toute dévouée aux planteurs, c'est au nom de l'autorité publique qu'elle assure la chasse aux inactifs, pratiquant également les châtiments corporels. L'affranchi se retrouve quasiment aussi encerclé que l'esclave. Sa situation est chargée de trop peu de gloire pour qu'il la revendique. Cerné de toutes parts, il ne peut protester. Seuls quelques intrépides osent des tentatives judiciaires, qui échouent pour la plupart. À l'exception notable de la longue – vingt-six ans ! – et obstinée aventure judiciaire de l'esclave Furcy[1] et quelques rares autres ayant entraîné une jurisprudence de la Cour de cassation plus conforme au droit qu'à la

---

1. Esclave réunionnais qui attaqua son maître en justice en 1817 pour réclamer le statut d'homme libre, et obtint gain de cause en 1843. Voir Mohammed Aïssaoui, *L'Affaire de l'esclave Furcy*, Gallimard, 2010.

loi, sous l'ère Portalis fils, Dupin et Gatine, où l'humanisme l'emporte dans cette confrontation d'humanités. Tous les procès ne connurent pas le même dénouement. Celui de Léopold Lubin fut un modèle d'iniquité. En ces temps-là, l'affranchi aspire à survivre, à échapper aux sévices, à ouvrir un chemin moins douloureux et moins rude à sa descendance. Cependant, le silence n'est pas observé partout ni tout le temps. L'ancien esclave inscrit lui-même sa souffrance et sa révolte dans des contes et des chants. Des ouvrages en témoignent ou les analysent, depuis les colonies ou au cœur des métropoles. Les travaux sont nombreux, mais restent souvent confinés dans les sanctuaires universitaires. Très peu de livres sont à la portée du grand public, bien que ces dernières années, et pour une bonne part à la faveur de la loi de 2001 et de ses effets sur l'enseignement et la recherche, des ouvrages remarquables ont été produits. Le silence officiel, lui, lorsqu'il se craquelle, ne s'aventure que très peu au-delà de l'abolition.

Heureusement, les temps changent. Maintenant on va en parler partout, et même l'apprendre à l'école.

Ce n'est pas encore gagné. Les discours officiels qui abondent se situent résolument sur le terrain de l'indignation morale. Il y aura encore à ferrailler pour que la traite et l'esclavage soient reconnus pour ce qu'ils furent, le premier système économique et la première organisation sociale hiérarchisée dont les fondations sont la déportation massive de population et le meurtre légal. Ils doivent être appréhendés en tant que tels.

Les luttes. Nos pères, ces héros…

Toi qui te réclames si souvent de tes ancêtres rebelles, je suis sûre que tu rêves de me chanter la geste des Nègres marrons[1].

Et comment ! Tu vois, l'une des conséquences durables du mélange des ethnies organisé par les négriers pour limiter les révoltes, en vain d'ailleurs, l'un des effets de la promiscuité induite par des conditions de vie infâmes, des viols perpétrés par les marins et par les maîtres, et tout simplement aussi des élans naturels de séduction et d'attirance, c'est ce maelström métis, où Dieu lui-même aurait du mal à reconnaître les métamorphoses de son œuvre. Imagine-nous, pauvres humains, essayant de nous aventurer dans l'enchevêtrement de nos généalogies croisées. Le privilège qui en découle est de pouvoir choisir une part de sa filiation. Et j'avoue que je puise volontiers dans l'épopée des Nègres marrons pour renouer avec certains de mes ancêtres.

Tu ne descends donc pas d'esclaves, mais de Nègres marrons ?

---

1. Se disait des esclaves qui s'étaient enfuis pour entrer en résistance (en marronnage) contre le maître. Les Nègres marrons se regroupaient et unissaient leurs forces contre ceux qui les asservissaient.

Je viens inévitablement des deux. Et de plus loin encore. Je suis d'Afrique et des Amériques, d'Asie et d'Europe. J'assume mes multiples ascendances comme autant de racines irriguant mon identité et mes dispositions à l'altérité. Je contiens le monde et le monde me porte. Même si, effrayé de tant de reflets, ce monde fait choix parfois de me croire invisible.

« Homme invisible, pour qui chantes-tu ? »

Comme dans ce beau roman de Ralph Ellison, je suis transparente pour tous ceux, racistes et philanthropes pressés, qui somnolent dans le confort de leurs certitudes en miroir. Choisir ma filiation, épaissir la densité de ma présence au monde est l'un de mes privilèges. Et je picore une empoisonneuse par-ci, une avorteuse par-là, un guerrier par-ci, un chaman par-là, et je butine une envoûteuse par-ci, un conteur par-là.

Tu fais ton marché ?

Avec une nette prédilection pour les épices qui parfument et corsent la vie…

J'ai remarqué ! Se réclamer d'avorteuses, d'empoisonneuses, de guerriers, ce n'est ni très moral ni très pacifique !

Non, si on se laisse enfermer dans la réprobation morale et dans la vision soumise de l'esclave. Père Bartolomé et l'oncle Tom. S'il avait fallu compter sur eux pour l'abolition de l'esclavage, nous y serions encore !

Ce héros du roman de l'Américaine Harriet Beecher Stowe, *La Case de l'oncle Tom*, totalement dévoué à ses maîtres, comme les autres esclaves attachés au service domestique, donc épargné par la dure économie de la plantation, est d'une soumission insupportable. Il attend passivement l'incommensurable charité du maître qui le délivrera, et d'ailleurs ne rêve guère mieux que d'une vie petitement meilleure. C'est très larmoyant et tout à la gloire des maîtres, ceux qui sont charitables, bien sûr.

Vraiment pas de quoi te séduire !

Ni toi d'ailleurs !

J'avoue. Mais est-ce une raison pour préférer les avorteuses et les empoisonneuses ?

Ces hommes et ces femmes arrachés à l'Afrique et déportés à fond de cale plusieurs semaines durant ce qu'on a appelé « le passage du milieu », *the middle passage*, ont débarqué dans le monde inconnu des Amériques où ils ont été vendus et revendus, abrutis de travail et brutalisés. Dépourvus de tout repère, ils ont néanmoins investi ce nouveau territoire et ont réussi à lui soutirer les secrets de ses plantes. Celles qui empoisonnent le bétail du maître et, à l'occasion, le maître lui-même. Celles qui détruisent les embryons plantés par le maître violeur, ou le fruit d'amours tragiques, soustrayant ainsi à l'enfer de l'esclavage des enfants que leurs mères auraient aimés de tout leur cœur s'ils avaient vécu. On peut toujours choisir d'être un ver de terre ou une étoile. Et dans le drame de la période esclavagiste, je m'incline devant celles et ceux qui ont donné une valeur à leur existence, prouvant ainsi que les pires violences ne parvenaient pas à leur ôter leur humanité. Je rends hommage à ces ancêtres, illustres et anonymes.

Et on s'arrange comment avec la morale ?

Et les maîtres, féroces en semaine et miséricordieux une heure le dimanche, comment se sont-ils arrangés, eux, avec la morale ?

On ne peut pas comparer ceux qui ont froidement établi leur confort, leur richesse et leur domination sur la déportation, l'exploitation, le meurtre d'autres êtres humains et ceux qui, pour défendre leur vie, leur croyance en l'égalité, la valeur suprême de la liberté, ébranlent ce système odieux et criminel. Aurais-tu l'idée de comparer les atrocités nazies avec les sabotages de la Résistance ? Laisse la morale hypocrite aux pharisiens. Je te parle d'éthique. Je te dis les ressorts de la politique.

Ne te fâche pas. Tu sais bien que je suis d'accord. Parlemoi plutôt de ces Nègres marrons que tu aimes tant.

J'aime les Nègres marrons, mais aussi tous les insurgés, rebelles, mutins, résistants et abolitionnistes de toutes les époques et de toutes les causes. Frederick Douglass, cet ancien esclave qui a tant fait pour l'abolition et pour les droits civiques, disait : « S'il n'y a pas de lutte, il n'y a pas de progrès. Les limites de la tyrannie s'établissent en fonction de l'endurance des opprimés. » Il disait par ailleurs qu'on ne peut aimer l'océan et refuser le grondement des tempêtes, le mouvement des courants et le déferlement des vagues.

Je pourrais aussi, dans l'esprit de ne te priver d'aucune ascendance ni d'aucune référence, citer Étienne de la Boétie, esprit brillant et précoce, qui interroge la légitimité de l'autorité imposant la soumission. La servitude volontaire, c'était au XVIe siècle.

Nous avons la chance de vivre à une époque où la parole, l'écrit et l'action civique, sociale et politique ont fait reculer la nécessité des luttes physiques. Réjouissons-nous, mais gardons-nous de penser qu'il est vain de lutter pour un monde plus juste et plus fraternel. Ce serait trahir l'héritage.

Oui, madame. Et si vous cessiez de me faire languir sur ces marrons et rebelles que vous aimez tant ?

Évidemment, j'ai mes préférences. D'abord, je cherche les femmes. Et je ne cesse de demander aux historiens de les retrouver. Elles ont forcément laissé des traces, même si celles-ci sont encore plus enfouies que celles des hommes, tous parias. En attendant, je fais mon miel de la vie de Solitude[1], compagne de Delgrès, pendue le lendemain de son accouchement pour avoir lutté jusqu'au bout contre le rétablissement de l'esclavage par Richepance en Guadeloupe, sous les ordres de Napoléon Bonaparte. Et je vénère Louis Delgrès, Guadeloupéen, colonel de l'armée française, qui a décidé de périr avec ses hommes en faisant exploser le fort Matouba où ils ont livré leur dernière bataille contre les troupes de Richepance. Le 10 mai 1802 – souviens-toi que la loi fut définitivement adoptée le 10 mai 2001 –, Louis Delgrès écrit un texte sublime qu'il intitule *À l'univers entier, le dernier cri de l'innocence et du désespoir*, dont les premiers mots sont : «C'est dans les plus beaux jours d'un siècle à jamais

---

1. La répression des Guadeloupéens qui, avec Delgrès, s'étaient battus pour leur liberté fut d'une sauvagerie extrême. Elle n'épargna pas les femmes qui elles aussi se battirent les armes à la main. La mulâtresse Solitude était l'une d'entre elles. Enceinte, elle fut grièvement blessée au cours des combats. C'est tout juste si on la laissa accoucher avant que de la pendre pour l'exemple, avec d'autres compagnes et compagnons d'infortune, à l'une des fourches dressées sur le cours Novilos, à Basse-Terre.

célèbre par le triomphe des Lumières et de la philosophie qu'une classe d'infortunés qu'on veut anéantir se voit obligée d'élever sa voix vers la postérité, pour lui faire connaître, lorsqu'elle aura disparu, son innocence et ses malheurs. »

Et je reviens aux femmes, à Madeleine Clem, Rosannie Soleil, Marie-Thérèse Toto, Adélaïde Tablon et bien sûr Harriet Tubman, Isabella Baumfree dite Sojourner Truth et tant d'autres.

Je comprends lorsque tu dis qu'ils luttaient pour la liberté et l'égalité.

Au prix du sacrifice suprême. Et un homme comme Marat, dont tu as seulement appris à l'école qu'il fut assassiné dans son bain par Charlotte Corday, écrivait en 1791 : « Pour secouer le joug cruel et honteux sous lequel ils gémissent, les Noirs et les mulâtres sont autorisés à employer tous les moyens possibles, la mort même, dussent-ils être réduits à massacrer jusqu'au dernier de leurs oppresseurs. »

C'est quand même un monde de grande violence !

Hélas, oui. La violence absolue de la traite et de l'esclavage est le reflet des rapports sociaux et des affrontements.

Et il y avait sûrement des femmes autour de Toussaint Louverture ?

Sans doute ! Comme il y en avait aux côtés de Makandal, marron de Saint-Domingue, de Boni, prestigieux marron de Guyane, aux côtés de Pompée, marron guyanais, de Gabriel, marron amérindien guyanais, de Fabulé, marron martiniquais, d'Ignace, premier rebelle guadeloupéen. Mais les femmes n'étaient pas seulement aux côtés de ces hommes magnifiques. Elles étaient sur les champs de bataille, dans les états-majors, participant aux combats et aux décisions, autant qu'à l'intendance et au quotidien. Parmi quelques éblouissantes meneuses, il y avait Dandara au Brésil, Lumina Sophie en Martinique, Solitude en Guadeloupe, Romaine en Guyane.

Je suppose qu'il n'y avait pas que les marrons et les esclaves soumis. Tu parlais d'empoisonnement du bétail et des maîtres. Que faisaient ceux qui ne fuyaient pas ?

On t'a appris que les Nègres marrons étaient des esclaves en fuite. Le mot « marron » vient de l'espagnol *cimarron* désignant un animal domestique revenu à l'état sauvage. Il paraît aussi que le mot « esclave » serait à rapprocher de *slavon*, parce que les premiers captifs étaient issus des pays slaves. Mais ne t'en tiens pas à l'étymologie.

Retiens qu'il ne peut y avoir aucune équation entre fuite et marronnage. On ne devenait marron ni par hasard, ni par inadvertance, ni surtout par lâcheté. On le devenait par choix. En toute connaissance de cause, avec des risques considérables. Car souviens-toi que, aux termes de l'article 38 du Code noir, l'esclave repris devait avoir l'oreille coupée, être marqué au fer rouge, avoir le « jarret » coupé – note au passage le vocabulaire zoologique. La troisième fois, il était puni de mort. Et pas de mort douce. Écartelé, pendu, brûlé. Des unités de rangers, accompagnés de molosses et de bouledogues entraînés à manger du Nègre, étaient spécialisés dans la chasse à l'homme en forêt. Tu vois comme l'alternative était terrible, non entre l'obéissance de citoyens raisonnables et la fuite d'asociaux ou de lâches, mais entre l'enfer des plantations et la promesse d'enfer en cas de capture.

De multiples formes de résistance et de sabotage existaient en dehors du marronnage. Incendies de plantations ; résistance culturelle, par la floraison de chants, contes, danses, rythmes de tambour ; résistance religieuse, à travers les syncrétismes forgés au carrefour des croyances animistes diverses et des mystiques monothéistes. Résistance surnaturelle, par des échappées mentales, transes ou rituels magiques. Il y a des histoires magnifiques autour de figures sublimes, pendant ou juste après l'esclavage, celles de Boni en Guyane, Estebán à Cuba ou celle de Besouro Preto au Brésil.

En fait, ce sont des leçons de courage et d'ingéniosité.

Deux belles valeurs, n'est-ce pas ? Et ces luttes, qui ont commencé dès les razzias dans les villages africains les plus reculés, qui se sont poursuivies sur les navires et auxquelles il faut ajouter les résistances des Amérindiens, ont épousé les formes les plus adaptées aux lieux et aux moments. Elles ont trouvé leur dimension fraternelle dans les mouvements abolitionnistes représentés par les grandes figures de Schœlcher, de l'abbé Grégoire, de Condorcet, de Wilberforce et d'autres, qu'ils aient été abolitionnistes immédiats ou conditionnels. Il est évident que je préfère les inconditionnels, tel Hugo réclamant à la tribune de l'Assemblée constituante, le 15 septembre 1848, « l'abolition de la peine de mort pure, simple et définitive ». J'y pense, t'ai-je déjà parlé du pape Grégoire XVI ? Dans sa bulle *In suprema apostolis fatigio*, en 1839, il déclare :

« […] voulant éloigner un si grand opprobre de tous les pays chrétiens […], nous avertissons, par l'autorité apostolique, et nous conjurons instamment dans le Seigneur tous les fidèles, de quelque condition que ce soit, qu'aucun d'eux n'ose à l'avenir tourmenter injustement les *Indiens*, les *Nègres* ou autres semblables, ou les dépouiller de leurs biens, ou les réduire en servitude, ou *assister* ou *favoriser ceux qui se permettent ces violences à leur égard*, ou exercer ce commerce inhumain par lequel les Nègres, *comme si ce n'étaient pas des hommes mais de simples animaux réduits* en servitude, de quelque manière que ce soit, sans aucune distinction et contre les droits de la justice et de l'humanité, sont achetés et vendus quelquefois aux travaux les plus durs ».

Il y avait donc du mauvais, mais aussi du bon dans l'Église ?

Évidemment. Il ne faut pas désespérer de l'Église romaine, catholique et apostolique.

C'est peut-être tardif, c'est ça ?

Au moins, ce texte est sans ambiguïté. Et il paraît, mais je n'en ai jamais trouvé trace, que le pape Nicolas V a modifié sa bulle *Romanus Pontifex* de 1454, autorisant le roi Alfonso V du Portugal à pratiquer la traite. Les atermoiements de l'Église donnent d'autant plus de mérite aux prêtres qui, comme l'abbé Grégoire, ont pris fait et cause pour les esclaves. Parfois les institutions rendent les hommes vertueux. Il arrive que les hommes valent mieux que les institutions.

Mais alors, par rapport à tout ce que tu me dis, on peut considérer que les marrons, et même les esclaves, ont apporté au monde des formes originales de lutte et peut-être même une philosophie de la résistance ?

Incontestablement. Ils ont légitimé, en l'élevant au stade suprême, le droit de résister à l'oppression, même lorsque cette oppression était inscrite dans la loi. Leurs choix, leurs luttes et leurs mobiles sont comparables à la Résistance sous le régime nazi, à l'insurrection des peuples colonisés, et même aux déclarations sur « la force injuste de la loi ».

Et grâce à ces créations artistiques et à ces syncré-tismes religieux dont tu parlais, on peut considérer qu'ils ont également enrichi le patrimoine culturel mondial ?

Sans aucun doute. Au-delà des langues nouvelles, des techniques et savoirs forgés sur un territoire inconnu, des inventions culinaires, de l'ajustement des croyances, ils ont durablement marqué le monde. Songe à ce qu'aurait été la musique du XXᵉ siècle sans l'apport du jazz. Vois comme il rayonne, rapproche les hommes et les cultures. De la violence et de l'horreur suprêmes, ces hommes ont fait éclore une musique d'une prodi-gieuse richesse et d'une insondable générosité. Tu ne trouves pas cela fascinant ?

Je suis éblouie !

Et tu le seras plus encore lorsque tu découvriras le chevalier de Saint-George, Guadeloupéen aux multiples talents d'escrimeur, de danseur, et de musi-cien – chef d'orchestre parmi les meilleurs d'Europe, considéré comme le Mozart noir. C'était la seconde moitié du XVIIIe siècle. Bien avant la Révolution, bien avant l'abolition. Il fut nommé directeur de l'Opéra royal par Louis XVI, mais dut renoncer à cette fonction parce que deux cantatrices refusaient d'être « dirigées par un Noir » ! Il combattit pour défendre les idéaux de la Révolution en tant que colonel de la trop peu connue mais remarquable Légion franche de cavalerie, appelée légion de Saint-George. Figure-toi que, en Guyane et dans d'autres anciennes colonies, par ignorance de son histoire véritable, les gens utilisent cette expression lorsqu'une situation est perdue ou qu'un problème est insoluble : « il faut envoyer la légion de Saint-George » !

L'Histoire est un tissu de contradictions !

Pour le moins. Sais-tu, à propos, qu'Alexandre Dumas, l'auteur des *Trois Mousquetaires*, du *Comte de Monte-Cristo*, était un métis ? Sais-tu que le plus grand poète russe, Alexandre Pouchkine, était métis, arrière-petit-fils d'Hannibal, Africain ramené à la cour du tsar et chef des armées ?

Il reste malgré tout beaucoup à faire.

Par exemple ?

Lutter sans relâche pour éradiquer le racisme, qui s'enracine notamment dans les grandes théories qui ont justifié l'esclavage.

Mais tu m'as dit rapidement l'autre jour qu'il y avait eu une grande avancée à la « Conférence internationale contre le racisme, la discrimination raciale, la xéno-phobie et l'intolérance qui y est associée », en 2001 à Durban.

Certes. Mais c'est loin d'être suffisant. Et, quatorze ans plus tard, l'évaluation qu'en fait l'Onu suscite de légitimes déceptions. Par ailleurs, la décennie 2015-2025 est consacrée aux populations d'ascendance africaine. Ici, en France et dans plusieurs pays d'Europe, il y a un travail colossal à accomplir pour la reconnaissance de la pluralité, de ses sources, son sens, sa portée, ses potentialités. Et il y a encore tant de victoires à remporter.

Et si l'on commençait par...

Supprimer de l'article 1er de la Constitution française le mot « race ».

Les réparations

*Je ne comprends pas ce grand débat sur la réparation.
L'argent n'achète pas tout, quand même!*

Tu as parfaitement raison. Mais le débat sur la réparation est encore insuffisant.

*Pourtant je t'ai entendue dire que tu étais contre. Tu
ne vas pas changer d'avis juste pour me contredire!*

Je n'ai jamais dit que j'étais contre la réparation.
J'ai toujours expliqué, au risque de provoquer l'ire des
personnes les plus engagées, d'être agonie d'injures
et d'accusations sordides – ce qui n'a pas manqué –,
que j'étais opposée à l'indemnisation financière individuelle que certains réclament. Et je persiste. Cela ne
m'empêche pas d'être convaincue que la réparation
s'impose.

Ça devient compliqué. Explique-toi.

Essayons d'abord de nous entendre sur les mots.
L'indemnisation financière individuelle signifie que
l'on donnerait à chacun une somme – même si, d'évidence, il serait compliqué de définir à qui elle reviendrait – en dédommagement de la souffrance endurée
par ses ancêtres. Tu admettras que c'est à vomir.

Cela autoriserait n'importe qui à prétendre qu'on a réglé les comptes, qu'on a acheté une seconde fois les êtres humains, qu'on connaît le prix de la souffrance humaine, que finalement elle n'était pas si grande, puisqu'elle peut être évaluée. Et vive la consommation ! Tout cet argent réintégrerait les circuits marchands. On aurait procédé à une augmentation du pouvoir d'achat des descendants d'esclaves, on les aurait mieux intégrés au marché, on les aurait du même coup traités en consommateurs et réduits au silence.

C'est aussi ce que je pense. Mais en réfléchissant, après tout ce que l'on sait de la traite et de l'esclavage, on ne peut pas se contenter de dire « c'est un crime contre l'humanité » et ne pas le sanctionner.

Non. Certains parlent de compensation. Ce mot me paraît malheureux. Il suppose qu'un apaisement ou une satisfaction sont possibles, à partir, probablement encore, d'un geste financier. Le mot « compensation » évoque une égalité, une balance, un rétablissement d'équilibre. Je ne puis y souscrire. Ceci étant éclairci, du moins je l'espère, disons sans ambiguïté que le crime est ir-ré-pa-ra-ble. Que toute tentative d'évaluation des dommages serait indécente. Mais il serait obscène de prétendre que tout s'arrête là, ou de décliner, avec des airs bigotement effarouchés, que la revendication de réparations financières est hors sujet, donc hors de discussion. La radicalité générant la radicalité, les parties seront entraînées dans une dynamique de surenchère, et vraisemblablement dans un affrontement stérile, tant que ne sera pas établi le principe de la réparation. C'est ce qu'implique la décision d'attribuer à cette abomination le seul statut concevable : celui de crime contre l'humanité. En cas de refus de dialogue, les voix intransigeantes feront taire, mais pour un temps seulement j'espère, la voix de ceux qui tentent de mettre en œuvre les actes de justice nécessaires.

Mais quelles sont les alternatives à la réparation ? Et qu'appelles-tu « réparation » ? D'ailleurs qui doit réparer quoi à qui ?

Ce sont les seules vraies questions. Il est d'autant plus difficile d'y répondre que l'on essaie encore de comprendre ce qui s'est passé. Il est certain que la qualification de crime et la condamnation induisent la question du châtiment. Il faut dire que le recul de l'impunité pour les auteurs de crimes très graves constitue un progrès considérable, surtout à l'échelle du droit international. Tu as entendu parler des tribunaux pénaux internationaux pour l'ex-Yougoslavie, le Rwanda, la Sierra Leone. Ces tribunaux ont été conçus selon la même logique que le Tribunal de Nuremberg créé le 8 août 1945, dont le statut définissait pour la première fois, en son article 6, le concept de crime contre l'humanité, pour l'appliquer à la Shoah. Contrairement à la Cour pénale internationale, qui s'est donné des missions universelles, ces tribunaux visent des situations particulières. Cela étant, je pense que seules les personnes physiques peuvent être déclarées coupables, même lorsqu'elles dévoient les appareils d'État pour commettre leurs forfaits et en amplifier les effets.

Toute action judiciaire est donc impossible puisque les coupables ont disparu ?

Cent cinquante ans après la suppression de l'esclavage, pour ne retenir que la date de la seconde abolition dans les colonies françaises, il ne reste plus de coupables vivants. Or je reste attachée au principe démocratique de la culpabilité individuelle. Je ne retiens pas l'idée d'hérédité de la faute. De mon point de vue, les possibilités de châtiment sont éteintes.

Avoue que c'est quand même pratique pour les criminels. Il leur suffit de bien se dissimuler et de laisser passer le temps.

Ce n'est pas si simple. Il faut se rappeler que le crime contre l'humanité est imprescriptible, ce qui signifie que l'on en répond jusqu'à sa mort. Cela est inscrit dans le droit français depuis la loi du 26 décembre 1964, et dans le droit international depuis la Convention de l'Onu du 26 novembre 1968. Quoi qu'il en soit, constater la mort des coupables ne signifie pas qu'il n'y a pas lieu d'examiner les responsabilités. À ce propos, certains juristes se penchent sur la question de l'imputabilité.

Woy, vous les grands, vous aimez les mots compliqués. C'est pour nous exclure et mieux asseoir votre autorité ?

Ces mots compliqués ont surtout l'avantage d'être précis. Je te propose la définition de Paul Ricœur selon laquelle l'imputabilité est « la capacité d'un agent humain à se laisser attribuer une action bonne ou mauvaise, comme étant lui-même l'auteur véritable de cette action ».

Tu m'excuseras, mais je ne vois pas plus clair que dans le corridor qui mène à la septième chambre de Barbe bleue.

Disons plus simplement que l'imputabilité permet de désigner l'auteur d'un acte, qui d'ailleurs n'est pas forcément un délit ou un crime. C'est ce qu'en langage courant et patriarcal, surtout lorsqu'il s'agit d'actes glorieux, on appelle la paternité des faits. Dans le cas de la traite et de l'esclavage, il s'agirait de définir le plus précisément possible les personnes physiques ou morales ayant directement accompli les œuvres qui ont fait les heurs et malheurs des personnes et des peuples, et compromis leur existence collective. Cela vaut également pour l'abolition. Ce n'est pas une simple question de technique juridique. Seule une démarche d'une telle rigueur permettrait d'appréhender ce drame dans toutes ses dimensions et d'en débusquer les sources vives et nourricières. Y compris celles qui ont survécu à l'abolition. Lorsque le travail d'imputation met en lumière la responsabilité des États dans les compagnies de monopole, puis dans la gestion des licences de traite, ou dans les politiques fiscales d'incitation ou de prélèvement, il permet de bien mesurer l'ampleur de cette entreprise, de rechercher ses effets sur les politiques publiques, de comprendre son rôle dans l'aménagement des territoires coloniaux et dans l'accumulation du capital utile aux métropoles. Il permet également de saisir la part prise par chacun des acteurs à son propre niveau, car le rôle des intermédiaires, quoique condamnable, ne saurait se confondre avec celui des commanditaires et des principaux bénéficiaires.

Toutes ces subtilités ne diminuent en rien l'horreur. Elles servent plutôt à noyer le poisson.

Elles aident à ne pas perdre pied après la prise de conscience de ce que fut cette tragédie humaine perpétrée impunément des siècles durant. C'est par ailleurs une exigence démocratique. On ne condamne pas à l'aveugle, même si les faits sont monstrueux.

Tu as le droit de vouloir être une sainte. Moi, je ne peux pas. J'ai la rage.

Je suis loin d'être une sainte et je n'en ai nullement l'ambition. Je comprends ta rage, car je l'éprouve aussi. J'essaie simplement de dompter la mienne. Pour qu'elle ne me dévore pas. Pour qu'elle ne me consume pas. Pour qu'elle ne m'épuise pas dans des ressassements impuissants, alors que se perpétuent des injustices, dont la source réside dans la banalisation et la justification de ce crime. Je fais ce que je peux pour transformer mon ressentiment en enthousiasme et en combativité. Je sais, par tempérament et par expérience, que les sentiments forts sont le carburant de l'action. J'ai réglé mes comptes avec la haine, je l'ai chassée de mon cœur. Mais je continue à composer avec ma rage et ma fureur. Elles se réveillent dès que je suis en présence d'une injustice, où que je me trouve. Et s'il m'arrive si souvent de battre le pavé aux côtés de militants de la paix, de combattants de la justice, de la liberté, de la solidarité, y compris dans les pays où je suis parfois simplement de passage, c'est parce que je crois que la lutte contre l'injustice ne doit connaître ni frontière ni répit. Tu verras. Tu admettras la nécessité de cette approche rigoureuse lorsque tu comprendras que c'est elle qui permet d'établir la part considérable que les Nègres marrons, les insurgés, les résistants, les justes, tous les damnés de la terre, solidaires et exigeants, ont prise dans l'abolition de l'esclavage. C'est le seul moyen de ne pas déposséder les victimes de cette victoire magistrale, ce que font, y compris à leur insu, ceux qui réduisent l'abolition à un acte de générosité grandiose certes, mais se résumant à un décret. La vraie victoire, définitive, fut la destruction du système esclavagiste par les luttes diverses et obstinées.

Seule la vérité est révolutionnaire !

Oh ! mademoiselle a lu Mao. Quelle culture ! En ces temps de marché conquérant et d'idéologie penaude, c'est impressionnant !

En attendant, ton imputabilité satisfait peut-être la curiosité, mais elle interdit toutes représailles.

D'abord, les représailles ne sont pas un acte de justice, mais de vengeance. La vengeance se situe à l'échelle des individus. À l'échelle de l'action collective, il faut rechercher la justice, la sanction.

Toujours est-il que, pendant qu'on fait de belles phrases sur la justice, les assassins, eux, sont morts tranquilles.

Je m'incline devant ton impatience et ton exaspération. Entendons-nous. Je ne prétends pas offrir une satisfaction facile et rapide en plaidant pour des actes de justice plutôt que pour des opérations de revanche. La vengeance se contente d'approximations et fait souvent d'énormes dégâts collatéraux. La justice exige vérité et précision. Et si elle n'apaise pas toujours le cœur, elle satisfait l'esprit. Mais cela, on l'apprend avec le temps. Et je sens que je vais t'agacer encore si je te fais part des discussions sur la notion de culpabilité et de responsabilité.

Allons-y. Buvons jusqu'à la lie. N'as-tu pas écrit toi-même que ce crime était orphelin ?

Je n'entendais pas par là qu'il n'avait pas d'auteur. Je stigmatisais le fait que, malgré son ampleur transcontinentale, sa très longue durée, le nombre considérable de victimes, les méthodes effroyables, les justifications monstrueuses, ce crime n'avait toujours pas reçu de nom ! Aujourd'hui, c'est fait. Le crime est nommé, il est qualifié, il a un statut. Tout n'est pas clos pour autant. Refuser une culpabilité héréditaire et exiger que l'imputation des actes divers soit la plus exacte possible ne supprime pas les responsabilités.

Si je reviens sur la culpabilité, c'est parce que je souhaite aborder avec toi cette question sous l'angle du discours le plus grave et le plus ignoble, celui qui consiste à se camoufler derrière des textes existants à l'époque pour justifier l'ignominie. La notion de culpabilité repose sur la transgression de règles juridiques ou morales. Lorsque nous parlions du mode d'organisation des sociétés européennes autour de l'économie de traite, je t'ai exposé ces lois du Code noir et cette morale de la malédiction, ainsi que toutes ces théories, brutales ou déguisées, de la supériorité occidentale. Il y a des personnes aujourd'hui encore, dont certaines sont investies d'une autorité officielle, pour se réclamer de l'existence de lois autorisant et même encourageant le commerce négrier et la pratique de l'esclavage, et pour prétendre qu'il n'y a pas eu de transgression, au prétexte que les lois le permettaient et que les consciences n'étaient pas aussi éclairées qu'aujourd'hui.

On ne peut pas dire que leur conscience à elles soit très éclairée non plus !

À vrai dire, ces personnes font la démonstration du contraire de ce qu'elles affirment, car leur niveau de conscience se révèle effectivement plutôt sommaire. Et si elles peuvent avancer de tels arguments, tout en exerçant des responsabilités élevées, après deux Déclarations des droits de l'homme, après tous ces textes internationaux que nous avons évoqués, après la création de tribunaux internationaux et de la Cour pénale internationale, après tant de dispositions législatives, tant de structures militantes, elles sont la preuve vivante que l'on peut se voiler la face, dans un monde où la plus modeste association se réclame des droits de l'homme. Même lorsque des textes de loi et un extraordinaire arsenal de théories tentaient de légitimer des pratiques barbares, la conscience humaine cultivait déjà les valeurs fondamentales d'intégrité de la personne, d'unicité de la condition humaine, de liberté inaliénable. Il n'existe pas de darwinisme moral. Je ne crois pas à une espèce de progression qui partirait de l'instinct vers la pensée, avant de s'initier à la solidarité. Si autant d'impostures, de bobards, de fables ont été nécessaires, c'est bien parce que ces prétendues lois étaient déjà confusément perçues comme contraires au droit naturel. Déjà au r^{er} siècle avant l'ère chrétienne, Publilius Syrus, né esclave, grand poète à Rome, affirmait que « là où il n'y a pas de loi, il y a la conscience ». Et là où les lois heurtent l'éthique, il y a la liberté de désobéissance. C'est ce que fait Antigone dans la pièce de Sophocle.

Non seulement c'est malhonnête, mais c'est jouer avec le feu. Après la Seconde Guerre mondiale, personne n'a dit aux Juifs qu'en vertu des lois de Pétain le génocide était légal.

Et il est heureux que personne n'ait osé. Au contraire, en vertu de l'imprescriptibilité du crime contre l'humanité, Barbie, Touvier, Papon ont été appelés à répondre de leurs actes, malgré leur âge très avancé.

Cette façon de nous traiter différemment est écœurante. Je comprends que, à défaut de coupables, il soit important de désigner des responsables. Mais comment fait-on, si on ne peut plus incriminer personne ?

Il faut bien comprendre qu'être responsable, c'est d'abord répondre. Répondre de ses propres actes, mais aussi de ce qu'on a laissé faire à autrui. C'est également interroger l'environnement et le cadre historique de ces actes condamnables. De ce point de vue, les gouvernements actuels des pays qui furent d'anciennes puissances esclavagistes ne peuvent continuer à ignorer tous les bénéfices que leurs économies, au sens très large, ont tirés de la traite et de l'esclavage.

Ça va être mortel !

Au moins douloureux. Mais l'enjeu n'est pas seulement matériel. Il y va de la marche du monde. Car se dissimuler derrière la réalité de textes juridiques et ecclésiastiques pour répéter qu'il n'y a pas eu crime et qu'il n'y a rien à réparer, parce qu'il n'y a pas eu transgression de règles pénales, revient à faire du juridisme et à renoncer à l'éthique. Agir ainsi, ce n'est pas seulement encourager l'arbitraire et la lâcheté, c'est aussi désavouer le courage et la probité. C'est se ranger du côté des négriers contre ceux qui, anonymes ou célèbres, mettant en jeu leur tranquillité et en péril leur liberté, ont inlassablement dénoncé l'horreur. C'est choisir Gobineau contre Schœlcher, Hegel contre l'abbé Grégoire. C'est préférer Rochambeau, qui donnait des

Nègres à manger à ses chiens, à Toussaint Louverture, qui n'a cessé de croire à la fraternité des hommes. C'est absoudre Bonaparte d'avoir rétabli l'esclavage et bannir de la conscience universelle Delgrès, Boni, Solitude, Pompée, Ignace, Fabulé, grandes figures du marronnage ou de la résistance. C'est piétiner la lutte des Quakers et les sacrifices d'Harriet Tubman. C'est conforter le Ku Klux Klan dans ses idéaux macabres. C'est rejoindre les maîtres implacables contre les esclaves et les Nègres marrons. C'est se rallier aux armateurs cupides contre les villageois de Champagney, les ouvriers de Paris, les canuts de Lyon, les villageois de Barbechat et tous ceux qui furent solidaires des insurrections.

Les anciennes puissances esclavagistes ne peuvent absolument pas nier leur responsabilité dans la traite et l'esclavage, pas plus que dans le mode de sortie du système esclavagiste…

C'est quoi, ça ?

Ce sont les dispositions qui ont prévalu après l'abolition. Les maîtres, et eux seuls, ont bénéficié d'une loi d'indemnisation qui évaluait leur perte selon l'âge, la taille, la force de travail et le nombre d'esclaves qu'ils détenaient en « biens meubles et bêtes de somme » sur leurs plantations. Cette même loi les contraignait à investir un huitième de la valeur de cette indemnisation dans le capital des nouvelles banques créées. Autrement dit, les pouvoirs publics ont veillé, non seulement à maintenir le niveau de revenus des anciens maîtres, non seulement à initier pour eux un processus d'accumulation de capital, mais également à leur assurer, presque malgré eux, en dépit de leurs habitudes prébendières, les moyens de contrôler durablement le capital financier. D'autant que ce contrôle des banques s'ajoutait au maintien d'un patrimoine qui provenait de l'accaparement des terres, seul procédé d'accès au foncier au temps des colonies. Le mode de sortie du système esclavagiste a fixé pour longtemps le sort des uns, les descendants de maîtres : la propriété de la terre, l'accès au capital financier, les moyens de s'ouvrir à d'autres activités économiques. Quant aux autres, les descendants d'esclaves, ils connurent le dénuement qui met à la merci des puissants, qui condamne à la coupe de la canne, puis au chômage, puis au RMI.

On croirait une fatalité !

Heureusement, il y eut des exceptions à cette règle. Ainsi, au prix d'une volonté farouche, certains de ces travailleurs envoyèrent leurs enfants à l'école, l'ascenseur républicain. D'où émergèrent une élite et une classe moyenne, encore exposées aux injustices et aux inégalités, mais résolument hors du schéma binaire : les maîtres de plantation et d'usine d'une part, les ouvriers démunis et illettrés d'autre part.

En Guyane et sur l'ensemble du plateau guyanais, où la forêt amazonienne se fit complice protectrice du marronnage, les derniers esclaves, encore présents sur les plantations lors de l'abolition, s'empressèrent de s'éloigner en forêt afin de cultiver des abattis[1] pour leur propre compte. Dans ce cas, c'est l'État qui s'est comporté en prédateur foncier, usant de ses pouvoirs régaliens. Les pouvoirs régaliens sont des pouvoirs que l'État ne peut déléguer, mais surtout dont il peut user avec l'argument suffisant de la raison d'État.

---

1. Terrains déboisés, qui ne sont pas encore essouchés et sur lesquels se cultivent légumes et tubercules.

Heureusement, les peuples sont souvent de tempérament frondeur. Leur vigilance et leur capacité à s'organiser pour protester constituent des remparts contre les excès. En sachant cependant que les pouvoirs ont parfois une incalculable capacité de dissimulation. Il est intéressant de relever que «régalien» vient du latin *regalis*, «royal», et qu'à l'origine, c'est-à-dire sous l'Ancien Régime, on appelait ainsi le droit du roi à percevoir les revenus des évêchés vacants. Tu sais probablement que jusqu'à l'abrogation en 1905 par le Parlement français du dernier Concordat, l'Église et l'État se confondaient ou s'entendaient par ces concordats, justement. Tu vois, la séparation de l'Église et de l'État, du pouvoir temporel et du pouvoir spirituel, a tout juste un siècle.

Et vous faites comme si rien n'avait changé depuis!

Je ne me sens pas visée. Je passe mon temps à expliquer que l'Histoire est l'affaire des hommes et que ce que les hommes font, les hommes peuvent le défaire. Les institutions, les pratiques sont des catégories historiques. Elles sont datées. Elles sont variables dans l'espace. Elles sont finies dans le temps. Chaque génération a le droit de défaire le monde et de le refaire selon ses rêves. À moins d'avoir l'âme rentière.

À bon entendeur, salut. Alors, instruis-moi, car je n'ai pas l'âme rentière. L'État a donc usé de ses pouvoirs régaliens pour accaparer les terres à la place des anciens maîtres, c'est cela?

C'est à peu près cela. Il s'est octroyé par ordonnances royales en 1825 la totalité des terres vacantes et sans maîtres. Il était facile de trouver abondance de terres vacantes et sans maîtres là où l'on avait décimé ou fait reculer les peuples amérindiens – qui d'ailleurs réfutent la propriété de la terre –, puis bestialisé les peuples africains, écarté les Créoles, avant d'installer des colons à qui étaient offertes d'immenses concessions forestières ou agricoles. Tout cela sur un territoire où n'existe aucun cadastre. Ainsi furent confisquées les terres pour être attribuées de façon arbitraire à ceux dont l'État se faisait des alliés objectifs, ou pour rester dans l'escarcelle de l'État lui-même, qui oppose sa suprématie au droit des citoyens.

Évidemment, sans terre on ne peut rien construire.

Exact. Et il y a pire. Le dernier décret français d'abolition de l'esclavage fait l'objet d'un véritable tropisme. On oublie souvent de prendre en considération les effets de la première abolition qui, d'ailleurs, reconnaissait que les marrons et les esclaves insurgés s'étaient libérés eux-mêmes. On oublie également que la colonie de Saint-Domingue, également appelée Hispaniola, considérée comme la «perle des Antilles», proclama son indépendance en 1804, au terme de treize années de guerre de libération. Soit quarante-quatre ans avant ce décret du 27 avril 1848. Or que s'est-il passé? La France impériale n'a pas accepté que les généraux Toussaint Louverture, Dessalines, Pétion, Christophe mettent en déroute les valeureux soldats de Napoléon. Elle a tenté plusieurs fois de reprendre la colonie, obligeant la jeune République d'Haïti à dépenser des sommes colossales dans la construction de forts et de citadelles pour éviter une défaite et le rétablissement de l'esclavage. L'ancienne métropole française a imposé un embargo qui lui a permis d'exiger le paiement d'une indemnité que Louis-Philippe, roi des Français, justifiait en prétendant qu'elle « représentait bien faiblement ce que les colons avaient perdu, non point le prix de l'indépendance d'Haïti mais un droit incontestable ». Voilà. Ce roi, pourtant réputé favorable aux idées révolutionnaires, estimait que l'on ne pouvait contester le droit à réparation pour les colons qui avaient perdu leurs esclaves, les terres qu'ils avaient confisquées et les opportunités de poursuivre leur enrichissement. Et ce n'est pas tout. Le 5 juillet 1825, soit vingt et un ans après l'indépendance haïtienne hautement et chèrement conquise, la monarchie française conduite par Charles X reconnaît la nouvelle république en des termes inimaginables, « [concédant] aux habitants actuels de la partie française de l'île de Saint-Domingue l'indépendance pleine et entière de leur gouvernement ».

La partie française ?

Oui. Dans la nuit du 22 au 23 août 1791, dans la forêt de Bois Caïman, se tient une cérémonie où les esclaves jurent de libérer la colonie et de donner leur vie si nécessaire pour la suppression de l'esclavage. C'est le coup d'envoi de l'insurrection qui aboutit à l'indépendance en janvier 1804. Dès ce moment, les anciens maîtres et colons administratifs se regroupent sur la partie orientale de l'île d'Hispaniola qui devient la République dominicaine, hispanophone. La partie occidentale occupée par les anciens esclaves et marrons conduits par leurs généraux, désignée comme partie française, mais en réalité créolophone, devient Haïti, Anacaona de son nom amérindien. Et c'est à cette partie, libre depuis plus de vingt ans, que le roi des Français « concède » l'indépendance !

Quand tu racontes, toi, tu assommes !

Attends, ma perle. Le meilleur est à venir. En contre-partie de cette condescendante reconnaissance, Haïti devait s'engager à verser à la France cent cinquante millions de francs-or en cinq ans, soit trente millions par an, pour dédommager les colons. Le gouvernement haïtien, dont le président se nommait Boyer, accepta. Dans le même temps, il consentit une réduction de la moitié des droits de douane sur l'entrée des produits français.

En d'autres termes, Haïti contractait une dette et per-dait des recettes ?

As you say, dear. D'autant que les négociants de l'import-export étaient français, allemands, espagnols ou américains. Et pour bien prendre la mesure de cette escroquerie, figure-toi que le budget annuel de la France à cette époque s'élevait à trente millions de francs. On demandait aux neuf cent mille habitants d'Haïti de pourvoir pendant cinq ans à la totalité des besoins de cette grande nation de vingt-six millions d'habitants.

Charles X était un grand profiteur et Boyer un vrai tèbè[1] !

Tu penses bien que la plaisanterie n'a pas duré cinq ans. Haïti, étranglée, a dû se livrer à des acro-baties périlleuses pour emprunter les sommes nécessaires à un taux de 20 % d'abord, puis de 30 %. Elle a contracté ensuite un nouvel emprunt pour rembourser le premier. Ainsi s'est enclenchée la spirale d'une dette extérieure aux profondeurs

---

1. Mot créole désignant l'« idiot du village ».

abyssales. Un siècle et demi plus tard, la République haïtienne, exsangue, avait versé et remboursé 80 % du prêt ainsi que de substantiels intérêts. Le Trésor public haïtien s'était endetté auprès des grandes banques Laffitte, Rothschild, puis auprès de la Banque de l'Union parisienne et de la City National Bank. Les capitalismes français, allemand, américain se relayaient pour dépecer la bête. Ce sont les paysans haïtiens qui, par les taxes à l'exportation du café auxquelles ils étaient assujettis, fournissaient à l'État l'argent nécessaire à ces remboursements.

C'est de là que viennent les fameuses dettes du tiers-monde ?

Haïti est un cas d'espèce, mais l'escroquerie est de même nature partout. Après avoir confisqué les terres, dépossédé les habitants de ces pays, lorsqu'ils n'étaient pas tout simplement massacrés, après avoir remplacé les cultures vivrières par des cultures de rente nécessaires aux marchés européens, les anciennes métropoles ont mis en place des dispositifs de prêts dont le but consistait à rendre solvables les anciennes colonies devenues indépendantes, afin qu'elles soient en mesure d'acheter les biens, produits et services venant d'Europe. Bref, à organiser leur dépendance financière, économique et finalement politique, rendant l'indépendance institutionnelle juste formelle. Pour Haïti, c'est d'autant plus triste et injuste que l'indépendance fut arrachée par la lutte armée après la violation des accords.

Mais c'est monstrueux ! Comment pourra-t-on rattraper ça ?

Par l'annulation de la dette des pays du tiers-monde.

C'est par là que commencerait le processus de réparation ?

Non. La dette est une escroquerie en soi qu'il faut abolir, y compris dans les pays qui n'ont pas subi l'esclavage. Eux aussi croulent sous le poids de la dette, et surtout de ses intérêts, que les bailleurs européens et nord-américains appellent pudiquement le service de la dette, service si considérable vu les taux pratiqués que plus on rembourse, plus il reste à rembourser. Même en ayant remboursé davantage que le capital prêté, les intérêts sont tels que les pays débiteurs ne parviennent jamais à entamer le remboursement du prêt. Cette filouterie criminelle prive des générations entières d'éducation, de soins, de logement, d'espoir.

Et cela vaut pour tous les pays, même si la situation d'Haïti est si excessive qu'elle en est caricaturale. Il faut dire que ce pays en a vu ! Il a supporté la dynastie des Duvalier et sa milice tristement célèbre, les «tontons macoutes». L'armée américaine a occupé cette moitié de l'île de 1915 à 1935, au nom de la doctrine de Monroe, l'Amérique aux Américains, qui fait de la Caraïbe et de l'Amérique centrale l'arrière-cour des États-Unis. Le jour même du débarquement, le 15 décembre 1914, une unité de marines s'est emparée d'un million de dollars en or confisqués d'autorité à la Banque nationale haïtienne et aussitôt transférés aux États-Unis par la canonnière *Machias*, qui avait transporté ces soldats de Miami à la rade de Port-au-Prince.

Dans les années 1970, sous le prétexte fallacieux d'une fièvre porcine supposée, les autorités américaines ont fermé leurs frontières à l'importation de porc haïtien, exigeant que soit abattu tout le cheptel, sur l'ensemble du territoire, éliminant cette viande qui avait l'insigne défaut d'être très compétitive. Depuis, les Haïtiens importent et consomment du porc des États-Unis.

C'est du propre. Les États-Unis font des choses pareilles ?

Oui. Cela et pire. Mais n'oublie pas que les États-Unis sont aussi la patrie de Langston Hughes[1] et de Chester Himes[2], de James Baldwin[3] et de Malcom X, de Martin Luther King et de Spike Lee, de Carl Lewis, de Miles Davis et d'Angela Davis. Que c'est également la patrie et la terre de lutte de John Brown[4], de William Lloyd Garrison[5], d'Abraham Lincoln[6] et d'autres Blancs, ceux du NAACP[7].

1. Langston Hughes (1902-1967) : poète africain américain dont l'œuvre est marquée par le militantisme politique et le combat contre la discrimination raciale (*The Panther and the Lash*, 1967). Éminente personnalité de la Harlem Renaissance qui a inspiré le mouvement de la négritude.

2. Chester Himes (1909-1984) : célèbre écrivain africain américain. Dans *La Croisade de Lee Gordon* (1947), il dénonçait les problèmes raciaux au sein des luttes ouvrières. Son roman *La Fin d'un primitif* (1955) raconte les amours impossibles d'un Noir et d'une Blanche ; avec *La Reine des pommes* (1958), il a inauguré une série de romans policiers qui mettaient en scène de manière cocasse, avec une grande lucidité, deux policiers noirs à Harlem, Ed Cercueil et Fossoyeur Jones.

3. James Baldwin (1924-1987) : écrivain africain américain. Dès son premier roman, *Les Élus du Seigneur* (1953), il devint avec Richard Wright l'un des meilleurs commentateurs de la condition de son peuple aux États-Unis. Il a participé à la marche de Selma en 1965.

4. John Brown (1800-1859) : Américain blanc, abolitionniste, devenu un symbole de la lutte contre l'esclavage aux États-Unis. Il élabora en 1857 un plan visant à libérer les esclaves par la force armée. Arrêté et condamné à mort, Brown fut pendu à Charlestown. Durant la guerre de Sécession, la chanson *John Brown's Body* fit de lui un martyr de la liberté.

5. William Lloyd Garrison (1805-1879) : abolitionniste et philanthrope américain qui fut l'une des plus grandes figures de l'antiesclavagisme aux États-Unis.

6. Abraham Lincoln (1809-1865) : seizième président des États-Unis de 1861 à 1865, il proclama l'abolition de l'esclavage, qui permit d'affranchir les esclaves dans tous les États.

7. NAACP : National Association for the Advancement of Colored People, groupe de pression exigeant l'égalité des droits pour les Noirs au début du xxᵉ siècle.

Mais c'est aussi celle des lois de ségrégation Jim Crow[1].

Bien sûr. Mais c'est aussi celle des Black Panthers et de Whitney Houston.

C'est aussi celle du Ku Klux Klan et de John Edgar Hoover. Restons encore dans les misères de ce monde. Je n'ai pas bien saisi le lien entre tout ce que tu m'as expliqué sur Haïti et le débat sur la réparation. À part le fait que les anciens esclavagistes ont demandé réparation, eux, pour la perte de leur marchandise humaine, mais ce n'est pas un exemple à suivre.

Ce n'est certainement pas sur le terrain de l'estimation de la valeur marchande des personnes que doit se situer le débat sur la réparation. Ayant rappelé que le crime perpétré est irréparable, il me paraît relever du bon sens que l'on se soucie un peu de ce qu'il conviendrait de faire pour en corriger, sinon en annuler, les conséquences encore à l'œuvre dans la fabrication des injustices et des inégalités.

Tu disais pourtant qu'il n'y avait ni coupables ni responsables.

En effet. Mais les gouvernements actuels portent la responsabilité des sociétés actuelles. Ils ne peuvent faire semblant d'ignorer que les villes atlantiques

---

1. Tout ce qui, aux États-Unis, a un rapport avec la législation raciste des États du Sud au temps de la ségrégation officielle est désigné par le surnom de Jim Crow. Si le Sud avait réintégré l'Union après la guerre de Sécession, il n'avait pas pour autant admis l'émancipation des esclaves. L'établissement des lois «Jim Crow», une vingtaine d'années après, en témoignait. Elles excluaient la communauté de couleur de la vie économique et politique du pays. Le chansonnier Thomas D. Rice avait inventé vers 1820 le personnage de Jim le Corbeau – Jim Crow – sous l'apparence d'un homme noir fruste.

tiennent leur prospérité de l'ignoble commerce et que la portion du monde qui fut massacrée au nom de Dieu et du roi, saignée par la traite, abrutie par l'esclavage, pillée par le négoce et désorientée par l'aliénation a participé de façon significative à l'accumulation du capital en Europe.

C'est quoi l'accumulation du capital, c'est la deuxième fois que tu en parles ?

C'est le processus qui consiste à rassembler en un même lieu, en un temps réduit, les sommes nécessaires pour financer les équipements et les moyens de les faire prospérer. Il s'agit donc de transformer l'argent liquide en fonds d'investissement. À aucun moment dans l'histoire humaine, l'accumulation de capital ne s'est faite sans pillage, sans violence ou sans intervention soutenue de l'État. Les processus les plus efficaces et les plus durables ont conjugué ces trois conditions. Autrement dit, les richesses tirées du pillage des ressources minières de l'Afrique et des Amériques, du commerce négrier, de la vente des esclaves et de leur travail gratuit, de l'ouverture de débouchés pour les produits européens ont assuré à l'Europe les moyens de développer l'industrie, mais également la recherche, les sciences et les technologies, de financer la conversion des économies féodales en économies agricoles et productives, puis en économies industrielles diversifiées.

Et comment fait-on pour reprendre tout ça ?

Il ne s'agit pas de le reprendre. Car on ne saurait faire la part du génie européen dans cette combinaison qui articule l'argent, la sueur, la coercition, les circonstances favorables ou néfastes, et l'intelligence. Ce génie européen fut d'ailleurs inégal. Les résultats aussi, comme en témoignent les souffrances des pauvres et des exclus en Europe, paysans, serfs, ouvriers, vagabonds, prostituées et autres maudits.

On fait quoi alors, on renonce ?

Non. On explique que des politiques publiques doivent être ciblées sur l'objectif global qui est de corriger les effets des inégalités enracinées dans l'Histoire et qui opèrent encore.

C'est quoi, les politiques publiques ?

C'est l'ensemble des actions gouvernementales dans un domaine donné. Par exemple, la politique publique des transports consiste à décider quelle place doit être réservée aux transports en commun terrestres – métro, bus, train –, quelle place pour la voiture, le vélo, le roller, quelle place pour l'avion, et à prendre des décisions en conséquence.

La réparation suppose des politiques publiques ciblées, qui s'ajoutent aux obligations courantes. Parlons de la politique éducative. Sur le sujet qui nous préoccupe, elle se donnerait pour finalité de restituer aux enfants, et d'abord aux enseignants, ces siècles d'histoire ensevelis sous une chape de silence. Elle se donnerait pour objectif de permettre que cette histoire fasse son œuvre d'information, d'éducation civique, de mobilisation des consciences pour une culture de la diversité, de la fraternité, de la paix et de la résistance à toutes les formes d'oppression. Elle se donnerait les moyens d'encourager la recherche et l'élaboration d'ouvrages destinés au grand public et de manuels scolaires sur cette période. Et elle contribuerait à nommer les choses. Dire le crime, le qualifier, lui donner un statut, le rappeler imprescriptible, c'est réparer. L'article premier de la loi y veille. Nommer les faits, les qualifier, c'est aussi réparer. La loi ne le fait pas suffisamment. Elle n'a pas osé conserver le mot « déportation ». L'Éducation nationale doit avoir pour fonction de rattraper ce que la loi a laissé s'éclipser. Même si la loi et l'enseignement n'ont pas les mêmes missions.

Mais concrètement, pour nous à l'école, ça changerait quoi ?

Cela suppose que l'Éducation nationale comprenne que cette histoire est l'histoire de la France. Que les petits Français doivent l'apprendre, comme tous les enfants du monde d'ailleurs, puisque c'est l'histoire de la première mondialisation. C'est la première fois que plusieurs continents s'installent dans des relations durables. Le contact se fait sous la violence du choc de la traite et de l'esclavage. Il va lier le capitalisme européen en quête de marchés au continent africain et au continent américain, mais également aux pays de l'océan Indien. Bientôt l'Asie elle-même y est amarrée par le recours à des coolies, nom péjoratif donné aux travailleurs indiens, et à des Annamites[1], engagés pour remplacer les esclaves sur les plantations. C'est donc l'histoire de l'économie de plantation, mais c'est aussi l'histoire de savoir-faire qui se développent dans une économie de survie et dans le marronnage. C'est l'histoire de la navigation, celle des religions, celle des arts et des cultures, celle des techniques agraires, celle des artisanats et des métiers.

1. Habitants de l'Annam, région de l'Asie du Sud-Est comprenant le Viêt Nam actuel.

Il s'agit de donner à cette histoire toute sa profondeur et toute sa densité. Par exemple, lorsque vous apprenez les épopées de Napoléon Bonaparte, empereur des Français, on doit aussi vous enseigner qu'il a rétabli l'esclavage dans les colonies françaises pour satisfaire les revendications des planteurs. Lorsque vous apprenez les fastes de Louis XIV, le Roi-Soleil, à Versailles, on doit vous enseigner qu'il a promulgué le Code noir qui déclarait les esclaves «biens meubles» et autorisait les maîtres à infliger des sévices corporels à leurs esclaves, la loi prévoyant par ailleurs la torture, la mutilation, l'exécution des esclaves qui choisissaient le marronnage pour rompre avec l'enfer des plantations. Lorsque vous apprenez l'œuvre de Colbert, grand économiste et fondateur de l'Académie des sciences, on doit vous enseigner que c'est lui qui a commandité le Code noir, qu'il a énoncé un interdit industriel absolu pour éviter que la concurrence de l'économie coloniale ne vienne fragiliser les manufactures d'État qu'il avait créées. En proclamant que «pas un clou ne doit sortir des colonies», il admettait l'importation de produits coloniaux bruts, mais pas leur transformation. On doit aussi vous expliquer que le même Colbert a inspiré la Charte de l'Exclusif colonial issue de l'édit de Fontainebleau, qui interdisait aux colonies tout commerce hors des échanges avec la métropole. Lorsque vous apprenez la Révolution française, on doit vous enseigner qu'elle n'a pas osé abolir l'esclavage et que c'est seulement la Convention qui l'a fait, cinq ans plus tard, avant son rétablissement par Napoléon huit ans après.

L'esclavage traverse l'histoire de la France, de toute l'Europe atlantique, des Amériques, des Caraïbes, de l'océan Indien, de l'Afrique du Nord et des pays au sud du Sahara. Elle a imprégné de nombreux épisodes de la vie publique. Sais-tu que c'est pour soutenir la culture de la betterave face à la compétitivité de la canne à sucre que des mesures de soutien à l'agriculture française ont permis le développement des eaux-de-vie du royaume ? Aujourd'hui encore, les divergences d'intérêt entre les cultures de la canne et de la betterave pour l'industrie sucrière donnent lieu à des confrontations qui se règlent parfois devant la Cour de justice européenne, prouvant l'actualité des traces de ces séquelles de la période coloniale. C'est aussi sur ce modèle et cette logique qu'ont été construites les conventions de «coopération» lors des indépendances des pays d'Afrique : des parts de marché et des subventions ont été réservées aux seules denrées ne concurrençant pas les économies européennes et aux ressources précieuses à condition que, comme du temps de Colbert, elles restent à l'état brut (minerais, métaux, bois tropicaux), indispensables aux mêmes économies européennes.

Ce n'est pas ce qui va rendre les cours d'histoire forcément plus sympathiques !

Cela dépendra des modes d'enseignement et de la qualité des manuels scolaires. Je suis sûre que vos professeurs sauront éveiller votre curiosité, solliciter votre sens critique, votre esprit d'analyse, en vous montrant que sur ces sujets il y a encore beaucoup à découvrir, à comprendre, à dire. D'où la nécessité d'encourager la recherche dans toutes ces disciplines, par des bourses, des facilités d'accès aux sources, mais surtout en faisant en sorte que ces thèmes deviennent des matières nobles dans les universités. Ce sont les préconisations de l'article 2 de la loi reconnaissant la traite et l'esclavage comme crime contre l'humanité.

On peut d'ailleurs en constater quelques effets dans des travaux universitaires.

Mais cette réparation ne concerne que le savoir des élèves et des étudiants.

Et leur formation citoyenne. C'est la promesse qu'ils seront mieux préparés à l'altérité, c'est-à-dire à la rencontre avec ceux qui sont différents par l'apparence, la langue, l'accent, la culture, les croyances, l'expérience, les habitudes alimentaires, vestimentaires, festives, affectives, que sais-je? Mais il est vrai que ce n'est pas suffisant. La réparation doit résolument investir le champ culturel. La conscience des peuples est souvent portée par leurs minorités. Parmi nos minorités, les artistes ont obstinément conservé, entretenu, enrichi notre mémoire, nos savoirs, nos fantaisies, nos mythes, nos légendes, nos gloires et nos travers, nos frayeurs et nos mystères, se faisant les dépositaires de notre singularité. Ils l'ont inscrite dans la parole des contes, la magie des romans, l'épaisseur des essais, l'enchantement des musiques, l'éternité de la pierre sculptée, le charme des tableaux, l'envoûtement du théâtre, la force du cinéma, l'ensorcellement des danses, la fantaisie des chants, l'alchimie des mets. Ils bataillent seuls et rudement. Une politique culturelle doit leur permettre de se consacrer entièrement à l'expression de leur talent en cessant d'exercer, pour des raisons purement alimentaires, ces activités de gestionnaires, d'organisateurs, de promoteurs, de prospecteurs autour de leur œuvre. Cette politique culturelle doit également s'atteler à rendre à certains sites leur caractère sacré. Elle doit revisiter les lieux de notre vie quotidienne pour inscrire dans l'espace les souvenirs des épisodes glorieux ou tragiques, marquer les rues des noms de nos héros, nous abriter sous l'ombre tutélaire de ceux dont le courage a tressé les mailles de notre liberté présente.

C'est excitant. Mais la culture, ça ne nourrit que les artistes. Et encore.

Et encore. Mais tu conviendras qu'elle est vitale. Essaie d'imaginer qu'au début de ton éveil musical je t'aie interdit d'écouter les Spice Girls ou Céline Dion. Tu ris ? Tu comprends aujourd'hui le désespoir que j'éprouvais alors, et mon entêtement à t'initier au jazz, au steel-band ou à la salsa. Et même si tu ne jures maintenant que par le reggae et le kasé-kô, tu sais savourer des chants traditionnels, un disque d'opéra ou de blues de Barbara Hendricks – seulement un morceau de temps en temps, d'accord –, une bossa-nova ou un calypso.

Cependant, convenons qu'il y a également lieu de réparer dans des domaines plus matériels. Tout ce que je t'ai expliqué sur la confiscation des terres plaide en faveur de politiques publiques foncières et agraires qui réduisent les injustices, à défaut de les détruire. Il ne s'agit pas d'inciter à la guerre civile, mais d'éviter qu'un jour elle apparaisse comme une voie légitime. Et que l'on puisse trouver des arguments, même douteux, pour l'expliquer, sinon la justifier. C'est la responsabilité des pouvoirs publics de prendre acte des inégalités présentes enracinées dans l'injustice passée et de susciter dialogue, concertation, compromis et consensus pour les éradiquer. Là où l'État s'est emparé pour son propre compte du patrimoine foncier, il doit veiller à la restitution des terres dans des conditions équitables et fructueuses.

Pour éviter ce qui se passe au Zimbabwe ?

C'est cela. Et pour éviter aussi que les révoltés en arrivent à prendre pour héros des figures aussi moralement indigentes que celles qui reproduisent juste l'envers d'un monde en noir et blanc. Il y a une voie plus stimulante dans les paroles de Bob Marley : *« To divide and rule could only tear us apart, In every man's chest there beats a heart*[1]. » La responsabilité n'est pas qu'interne au Zimbabwe. À la confiscation des terres durant la période coloniale s'ajoutent les accords internationaux qui enlisent les pays dits du Sud dans une dépendance les appauvrissant de plus en plus. La réparation suppose également que soient révisés les rapports de force hérités de la période coloniale qui, comme nous allons le voir, est fille de la période esclavagiste. Ces rapports déguisés en conventions internationales doivent être revus, et pas seulement tous les cinq ans, ce qui est actuellement le cas, comme si on vérifiait que les pays d'Afrique, des Caraïbes et du Pacifique ne sont pas totalement asphyxiés et que les cadavres bougent encore. Ils doivent être revus dans leur logique même. Ils ont été instaurés sur la dialectique indépendance-endettement-dépendance. Ces pays ne peuvent que s'embourber dans la misère, la pauvreté, la maladie, l'illettrisme, la violence. Et les prescriptions d'institutions telles que la Banque mondiale ou le Fonds monétaire international, avec leurs programmes d'ajustement structurel, n'ont servi qu'à immoler les plus vulnérables sans inquiéter les auteurs de pillage, de gabegie, de corruption.

---

1. « Les luttes internes pour le pouvoir ne peuvent que nous déchirer. Dans la poitrine de chaque homme bat un cœur » (extrait de sa chanson « Zimbabwe »).

Mais le pillage se fait quand même avec des complicités internes !

Hélas, oui.

Et tu dis malgré tout qu'il faut supprimer la dette de ces pays ?

Absolument. Sans réserve. La dette est une escroquerie indéfendable. Comme je te l'ai dit, la plupart des pays ont remboursé en intérêts plusieurs fois le montant du capital emprunté. La dette couvre de sordides pratiques usuraires. Consciente de l'inaptitude de certains gouvernements et souvent de leur coupable connivence, j'ai des états d'âme, mais pas de réserve. Ces gouvernements sont d'ailleurs souvent issus d'arrangements, parfois meurtriers à coups de massacres ou d'assassinats ciblés, entre les anciennes puissances coloniales et des affidés voraces et sans idéal, comme le prouvent de plus en plus des archives déclassifiées. Il faut donc annuler la dette, mais dans le même temps donner des forces à ceux qui luttent pour la justice sociale et le progrès, et agir pour que cesse l'impunité sur les détournements d'argent public, en finir aussi avec l'incompétence au pouvoir qui hypothèque l'avenir des nouvelles générations.

Dis-moi, il y a un aspect de la réparation que tu ne sembles pas vouloir aborder. Pourtant on en parle beaucoup, surtout aux États-Unis. J'entends souvent dire qu'il faudrait que les descendants d'esclavagistes indemnisent les descendants d'esclaves.

C'est une approche de la réparation. Il est vrai qu'elle est prépondérante aux États-Unis où la culture de règlement des conflits est principalement matérialiste et judiciaire. Il y a d'ailleurs des procès en cours dans ce pays, notamment contre des compagnies d'assurance et des banques, pour réclamer des dommages et intérêts sur les fortunes bâties à partir des bénéfices de la traite. Les tenants de cette conception de la réparation ont des arguments sérieux. Ils affirment que ceux qui chicanent avec tant d'arrogance pour nommer le crime, ceux qui nous excluent de tout débat sur les torts infligés, le droit des victimes, le bien-fondé des réparations, ceux-là ne deviennent sensibles aux grandes causes que lorsqu'elles leur coûtent. Ils rappellent que l'Holocauste a eu lieu durant la Seconde Guerre mondiale, que l'État d'Israël n'a été créé qu'en 1948 par une réglementation des Nations unies qui d'ailleurs créait en même temps un État palestinien et que pourtant, en 1952, l'Allemagne et l'Autriche ont respectivement versé à l'État d'Israël 822 puis 25 millions de dollars, sans compter la restitution des sommes déposées sur des comptes bancaires et des œuvres d'art aux propriétaires qui ont pu être identifiés. En passant, je t'invite à ne jamais oublier qu'à l'article premier du Code noir de 1685, Louis, par la grâce de Dieu roi de France et de Navarre, ordonne de chasser des îles coloniales, et en trois mois, « tous les Juifs qui y ont établi leur résidence [...] à peine de confiscation de corps et de biens ». Leur persécution vient également de loin.

Mais ils ont pu être indemnisés parce qu'il y avait des survivants. Et on ne peut pas soutenir qu'il est impossible de punir les coupables parce qu'ils sont tous morts, et en même temps chercher des héritiers vivants pour leur verser des indemnités.

À quoi les défenseurs de cette thèse rétorquent qu'en tant que descendants des victimes ils subissent encore les séquelles des dépouillements, sévices, préjugés, interdits, discriminations directement inspirés par la période esclavagiste.

Ce qui n'est pas faux, d'après ce que tu m'as expliqué.

Ils ajoutent que les États-Unis ont indemnisé les Américains d'origine japonaise internés par le gouvernement de Roosevelt après Pearl Harbour. Ils rappellent que les personnes envoyées en Allemagne et en Pologne pour le Service du travail obligatoire durant la guerre perçoivent des indemnités versées par les entreprises concernées. Ils se réfèrent même aux indemnités payées par le Japon à la Corée du Sud, en compensation des crimes perpétrés pendant l'invasion et l'occupation.

C'est comme pour les Juifs. Dans tous les cas, il y a des survivants. Dans certains cas, on donne aux États, dans d'autres aux personnes, parfois on rend aux personnes et on donne à l'État. C'est compliqué, tout ça.

Oui, mais plus c'est compliqué, plus cela révèle l'immensité et l'horreur du système esclavagiste. Du point de vue des trafics, de la mobilité des colons et du «cheptel» d'esclaves, le système pratiquait la porosité des frontières. D'où la dispersion. Ceux qui sont du côté des indemniseurs potentiels demandent volontiers s'il faudra indemniser les Noirs et les métis alors que ces derniers descendent à la fois des esclaves et des maîtres. Ils demandent s'il faudra verser aux personnes ou aux États. Et dans les pays où la population d'origine africaine est minoritaire, que faudra-t-il faire? Sans parler d'autres questions qui ont l'apparence de la pertinence, mais qui sont en fait déplacées. Il est assez drôle de relever que, contrairement à la France et à la plupart des anciennes puissances esclavagistes, le gouvernement des États-Unis a reconnu en quelque sorte aux anciens esclaves un droit à réparation en promettant une mule et quarante acres de terre à chacun. C'était dérisoire au regard des étendues foncières et des richesses qui furent laissées aux anciens maîtres. De plus, ce «capital de départ» octroyé par la loi ne fut même pas réellement attribué. C'était une décision du général Sherman que le président Andrew Johnson va s'empresser d'annuler, le même qui s'opposera par veto à la loi de réparation à l'initiative du député Thaddeus Stevens. Cependant, le fait de le déterminer posait le principe de la nécessité de la réparation. Malheureusement, il a manqué la pression morale forte qui aurait pu contraindre le gouvernement à respecter cet engagement. Il est vrai que tout cela se déroulait dans une ambiance où un grand esprit comme Alexis de Tocqueville, pourtant profondément attaché à la liberté et à la démocratie, disait que «si les Nègres ont le droit d'être libres, les colons ont le droit de ne pas être ruinés par la liberté des Nègres». Quant à l'Europe, elle se distingue par des lois accordant une indemnisation aux anciens maîtres; en Grande-Bretagne, en Suède, aux Pays-Bas et en France, lois adoptées entre 1834 et 1863. Et aux États-Unis, des initiatives parlementaires vont se poursuivre de façon quasi continue jusqu'en 1915 pour réclamer et tenter d'évaluer les réparations dues aux anciens esclaves. Martin Luther King y reviendra en 1964! Un sénateur, John Conyers, prend le relais en 1989. Desmond Tutu lui-même prend position à Durban en 2001.

Pourquoi restes-tu contre cette forme de réparation, en dépit de tous ces arguments ?

Parce que je n'autorise personne à calculer la souffrance de mes ancêtres et à me dire : « Voilà, ils valaient tant et signez ici pour solde de tout compte. » Je sens monter en moi des instincts cannibales et je suis prête à mordre jusqu'au sang celui qui se croira autorisé à me traiter ainsi.

Excuse-moi. C'est peut-être très digne, mais guère efficace. Après les dégâts que tu m'as décrits toi-même, ce refus est une façon de laisser durer les inégalités.

Le refus d'indemnité financière ne signifie nullement que je considère que les gouvernements actuels, héritiers des biens et des dividendes de la traite et de l'esclavage, sont quittes de toute dette. Je dis simplement que ce n'est pas avec ma complicité qu'ils achèteront une seconde fois mes aïeux. Cela me paraît même la façon la plus inappropriée de se débarrasser du problème. L'exigence de politiques publiques ciblées, telles que je te les ai décrites, me paraît davantage de nature à dénoncer les inégalités d'une société dont les victimes sont si souvent de même ascendance. Ces politiques publiques auront leur coût ! Sont malhonnêtes ou ignorants ceux qui tentent de faire croire que ce sujet est incongru ou inopportun. Il n'a cessé de traverser la pensée et de nourrir les débats tout le temps où les puissances esclavagistes étaient aux prises avec l'esclavage, sa contestation et les notions de justice ou d'économie. Condorcet par exemple, dès 1781, a des phrases définitives pour contester la demande de réparation des maîtres, en répliquant que « le maître n'avait aucun droit sur son esclave, que l'action de le retenir en servitude n'est pas la jouissance d'une propriété, mais un crime», ajoutant qu'il ne peut y avoir de «véritable droit sur le profit du crime». Il est aussi clair quant à la réparation due aux esclaves : «Il est juste de condamner celui qui enlève à son semblable l'usage de la liberté à réparer son tort», précisant que «réparer le crime qu'on a commis est une conséquence du droit naturel». C'est une réflexion ancrée dans la réalité : au point que tu observeras qu'il considère très calmement que c'est aux colons de pourvoir aux réparations, au moment où les faits se déroulent. Et l'État, qui n'est pas l'instrument d'intérêts particuliers, mais l'émanation de l'intérêt général, aurait dû y veiller, au titre de la puissance publique. Même si, comme disait Schœlcher, «le crime a été celui de l'État lui-même».

C'est en effet une pensée plus moderne que celle qui chicane aujourd'hui sur l'anachronisme de cette revendication. Mais Condorcet prêchait sans doute dans le désert !

Un désert pas si silencieux que cela. Toute l'Europe atlantique est engagée dans le commerce négrier, mais les pays européens dénués de façade maritime ne sont pas en reste. Ils sont impliqués par leurs banques ou les obligations émises par leurs États. Ainsi pour la Suisse. Et Jean de Sismondi a, en 1819, une analyse proche de celle de Condorcet. Sur les deux sujets. D'abord il affirme que «le silence des lois ne saurait changer la moralité des actions». Ensuite, il estime que «s'il y a quelqu'un à dédommager, c'est l'esclave, pour la longue spoliation à laquelle l'injustice de la loi l'a exposé». À la Martinique, Cyrille Bissette, métis, après avoir été d'une certaine façon coincé entre les deux prétendues races, prend fait et cause pour la justice et déclare en 1835 qu'il «n'y a pas de droit contre le Droit». Plus tard, en 1843, Félix Milliroux, qui lancera en France une pétition pour l'abolition de l'esclavage, précise que «l'avenir ne doit rien au passé, quand ce passé c'est l'esclavage», et il ajoute que «le droit des esclaves à une indemnité est incontestable».

Et bien sûr, il y a cet immense esprit qu'est Victor Schœlcher, qui devra malheureusement composer et concéder le principe de la double indemnisation, au maître et à l'esclave. Comme tu sais, seul le premier en profitera. Schœlcher aura quand même dit que «l'esclavage n'est pas une institution de droit mais un désordre social».

Et tout cela sans aucun effet concret? Ça devrait te rendre plus exigeante que tu n'es et plus réceptive aux revendications et aux impatiences!

D'abord, il y a eu quelques effets! Isolés, certes, et au prix de glorieux combats individuels. Ce fut le cas de celui qu'on appela l'esclave Furcy, qui intenta un procès contre son maître, procès qui dura vingt-six ans! Mais qu'il gagna. C'était entre 1817 et 1843, à La Réunion, en France. Il y eut, aux États-Unis, l'affaire Mum Bett, une esclave qui imposa l'application de la Déclaration d'indépendance et obtint sa libération. À chaque fois, cette pugnacité a trouvé sur son chemin avocats et magistrats pour les accompagner dans cette reconnaissance de leurs droits humains inaliénables.

C'est poignant, mais ça fait peu! Ça réconforte un peu, mais surtout ça plaide pour une action collective. Tes principes sont séduisants, mais ils ne me paraissent

pas opérationnels ! Tu fais la moue sur la mentalité
procédurière des Américains, il n'empêche que l'État
de Californie puis d'autres ont l'air plus efficaces que
toi lorsqu'ils incitent les compagnies d'assurance et
les banques à enquêter sur elles-mêmes pour retrouver
d'éventuelles traces de profit issu de l'esclavage. À
l'aune de la durée d'une vie d'homme, comme tu aimes
dire, c'est quand même plus satisfaisant ! J'ai vu que
la banque J.P. Morgan Chase a reconnu avoir profité
de l'esclavage au XIXe siècle et s'est engagée à fournir
des bourses pour un montant de 5 milliards de dollars
à des étudiants africains américains. Il n'y a rien de
putride dans un tel geste !

En effet, J.P. Morgan Chase s'est excusée au nom de
ses entreprises mères, Citizens Bank et Canal Bank en
Louisiane, d'avoir bénéficié de l'esclavage entre 1831
et 1865, et a décidé de consacrer cette somme à des
étudiants de Chicago. Elle sauve quand même un peu
aussi sa réputation ! Tout comme Bank of America,
Wachovia Corporation, Lehman Brothers jusqu'à il
y a peu, et d'autres. Je ne suis pas convaincue de leur
conversion éthique. Mais tu as raison, cela va changer
quelque chose pour ces jeunes qui pourront accéder
aux études. Je crois simplement davantage à la justice
de l'État qu'à l'arbitraire, fût-il bienveillant, d'entreprises privées. Et n'oublie pas que tout cela n'est pas
la marque d'un élan de bonne volonté, mais le fruit de
luttes obstinées.

Je vois bien, quand même, que pour certains on ne peut
débattre de rien ! Ni de réparation, ni d'excuses, ni de
regrets. Certains sont même allés jusqu'à glorifier la
colonisation et à lui attribuer des bienfaits ! J'ai lu

que tu traites la repentance de monologue furieux.
Qu'entends-tu par là ?

Je veux dire que ceux qui poussent de hauts cris pour refuser de faire repentance sont dans un dialogue énervé avec eux-mêmes. Ceux qui s'adressent à eux ne leur réclament nulle repentance. Je n'ai pour ma part jamais entendu formuler une telle requête ou exigence. Nous sommes sur le terrain de la politique et de l'éthique. Nous parlons donc de valeurs républicaines et de responsabilité des institutions publiques. Le repentir et la repentance relèvent du vocabulaire et du champ religieux. Si les autorités ecclésiastiques veulent s'en mêler, c'est leur droit et leur affaire. En attendant, ceux qui courent les médias pour récuser la repentance ne répondent qu'à leur trouble intérieur, ils ne sont manifestement pas dans la conversation. C'est en ce sens que je parle de monologue furieux. Ceci étant, Édouard Glissant a résumé de façon lumineuse, comme souvent, cette problématique de la repentance. Selon lui, « la repentance ne peut pas se demander, mais peut se recevoir et s'entendre[1] ». Et il précise, comme répondant à ceux du monologue furieux, que la « haute conception des choses du monde n'est jamais bête, orgueilleuse, imbécile ».

Pour ce qui me concerne, la repentance demeure une contrée énigmatique.

J'entends bien ! Mais nos luttes à nous, grandioses et sublimes dans leur éthique, pour reprendre ce mot joli et fort que tu aimes tant, il faudrait qu'elles aboutissent aussi !

---

1. Édouard Glissant, *Les Mémoires des esclavages et de leurs abolitions*, Galaade éditions, 2012.

Totalement d'accord, prunelle de mes yeux. Et à ceux qui s'imaginent qu'il serait bienvenu de brandir comme un quitus ce refus d'indemnité, j'adresse, en guise de mise en garde, les mots de Countee Cullen :

Nous ne planterons pas toujours
Pour que d'autres récoltent
Le suc doré des fruits mûrs
Nous ne tolérerons pas toujours
En esclaves muets
Que des êtres inférieurs
Maltraitent nos frères
Nous ne jouerons pas toujours
De la flûte douce
Tandis que d'autres se reposent
Nous ne resterons pas toujours courbés
Devant des brutes plus astucieuses que nous
Car
Nous n'avons pas été créés
Pour pleurer
Éternellement.

C'est beau et réconfortant, mais ça n'arrachera personne à la pauvreté ni même, je le crains, à l'amertume...

Je comprends ton irritation. Et je n'entends pas dicter à ta génération la voie à suivre. J'essaie de rendre mes choix intelligibles. Mais je ne suis ni insensible aux vacarmes du monde ni indifférente à l'immoralité cynique de ceux qui s'arrangent d'un ordre social reproduisant les inégalités et les injustices, et de façon aussi flagrante sur les mêmes, par des mécanismes dont la nature et les ressorts sont si évidents.

Tu conçois donc que ma génération te soit infidèle ?

Assurément. À vous de faire votre part. «Chaque génération doit, dans une relative opacité, découvrir sa mission, l'accomplir ou la trahir.» C'est de Frantz Fanon[1].

1. Frantz Fanon, *Les Damnés de la terre*, Éditions Maspero, 1961.

L'enjeu de la loi reconnaissant
le crime contre l'humanité

La France est tout de même le seul pays qui ait adopté un texte reconnaissant dans la traite négrière et l'esclavage un crime contre l'humanité. Pourquoi restes-tu insatisfaite ?

Je ne suis pas insatisfaite. Sur des causes qui me dépassent autant, je ne laisse pas mes sentiments dicter ma compréhension des choses.

Tiens donc ! Une personne comme toi, qui assures qu'il y a du sentiment dans tout ce qui concerne les hommes ?

Je confirme. Et s'il est un sujet qui me touche profondément, c'est bien celui-là. Mais en dépit des souffrances que j'ai endurées dans cette bataille, et je te prie de croire qu'elles furent incisives, en dépit des contrariétés que m'ont causées certaines frilosités, quel que soit l'agacement que j'ai éprouvé face à certaines ignorances, quelle que fut l'irritation que provoquèrent certaines légèretés, par-delà l'exaspération et la fureur que m'ont inspirées les clichés et les préjugés inconvenants sur une pareille cause, je veux rester lucide.

Cette loi a été adoptée à l'unanimité. En fin de compte, les clivages se sont estompés ?

L'unanimité tient à la conjonction de motivations multiples. Il y a ceux qui approuvent de toutes leurs forces. Ceux qui n'approuvent que parce que le texte original a pu être aseptisé. Ceux qui approuvent parce que se démarquer leur coûterait politiquement. Ceux qui n'approuvent pas mais se taisent par manque de combativité, en défaut d'arguments, pour ne pas mettre leur groupe en difficulté, ou parce qu'ils estiment que la cause ne mérite pas un conflit.

C'est ce que veut dire l'unanimité ?

Pas toujours. Mais on ne va pas se refuser d'ironiser un peu sur ce vote unanime des deux chambres du Parlement. Car il ne faut pas se bercer d'illusions. Il est évident que si la loi actuelle ne sanctionnait pas ces pratiques autorisées dans le passé et eu égard aux propos publiés de certains respectables politiques, on trouverait aujourd'hui encore des personnes capables de se situer dans le camp esclavagiste sans même avoir à composer avec leur conscience, par la conviction de supériorité et de bon droit.

Tu me fais frissonner. La France est un pays civilisé, quand même. De nos jours...

La sauvagerie et la barbarie ne sont pas affaire d'époque. Tu en sais assez sur le rayonnement de Samarcande[1], de l'Andalousie, de la Grèce, de Ségou[2],

1. Ville éblouissante d'Ouzbékistan, située au carrefour des civilisations turque et persane.
2. Ville du Mali, qui fut effervescente et convoitée, presque autant que Timbuktu.

de Grenade, de Kerma[1] ou de Palenque[2], sur la magnificence d'Akhenaton, de Salomon, d'Averroès, d'Hatchepsout, de Manco Cápac et de tant d'autres, pour comprendre que la «civilisation» n'est affaire ni de temps ni de lieu. Les trois grands continents réputés sous-développés, l'Afrique, l'Asie, l'Amérique du Sud, ont fait éclore des civilisations prestigieuses qui, pour la plupart, ont été détruites au contact des Européens lors des conquêtes coloniales. Note bien que les Grecs et les Romains qualifiaient de «barbares» les cultures et les peuples étrangers, et que plus tard la chrétienté a appliqué ce terme aux Germains, aux Slaves et aux Asiatiques. Tu vois comme ces vérités sont subjectives et contingentes. Pense au texte ironique de Montesquieu : «Comment peut-on être persan ?», la trentième des *Lettres persanes*. En clair, les barbares sont toujours les autres, ceux dont on ne comprend pas le comportement parce qu'on ne connaît pas assez leur culture. Ce n'est pas une question d'époque. Les pratiques contemporaines de traite, d'esclavage et de servitude en sont la preuve.

Oui, mais là tu reviens à la politique.

Il n'y a pas de matière plus politique que le droit. Car il s'agit de définir les règles de la vie commune, les limites qui s'imposent à chacun, le cadre dans lequel l'État s'arroge le monopole des sanctions judiciaires, de la surveillance policière et de la défense militaire.

---

1. Site archéologique du Soudan, ancienne ville de Nubie qui, sous l'autorité des Pharaons noirs, était le centre du royaume de Koush (XVIe siècle avant J.-C.). Des fouilles ont permis de mettre au jour d'importants vestiges.
2. Cité maya en territoire mexicain, de nom original amérindien Lakam Ha (Grandes Eaux), dotée d'un riche patrimoine architectural.

Les lois reflètent aussi les générosités de la société tout en dénonçant ses démons.

Et elle dénonce quels démons, cette loi ?

La peur de nommer. Dans le texte original, j'écrivais : « Les manuels scolaires et les programmes de recherche en histoire et en sciences sociales devront assurer une place conséquente à la plus longue et la plus massive déportation de l'histoire de l'humanité. » Cette disposition est devenue : « Les manuels […] accorderont à la traite négrière et à l'esclavage la place conséquente qu'ils méritent. » Voilà. Ces millions de personnes capturées, marquées au fer, vendues, transportées à fond de cale n'ont pas été « déportées ». Comme s'il y avait un monopole sacré sur le mot. Ce crime perpétré durant plus de quatre siècles et demi, qui a concerné au moins trente millions de personnes et cinq à sept fois plus, selon certains historiens, si l'on compte ceux qui ont péri entre les lieux de capture et les marchés aux esclaves des colonies, ne peut être déclaré « la plus longue et la plus massive déportation de l'humanité ». Pourtant, le temps est une donnée objective. D'autant qu'aux quatre siècles et demi de pratiques esclavagistes des Européens s'ajoutent les sept siècles d'esclavage transsaharien des négociants arabo-musulmans. Ce n'est introduire aucune hiérarchie entre le génocide juif et la déportation des esclaves, aucune échelle dans la souffrance humaine, que d'inscrire dans la loi ce que les historiens considèrent comme le crime ayant fait le plus grand nombre de victimes sur la période la plus longue. Les crispations peuvent malencontreusement nourrir une concurrence malsaine et dangereuse entre les victimes des crimes contre l'humanité.

Pourquoi dis-tu qu'il y aurait un monopole sacré sur le mot « déportation » ?

Je fais référence à l'interdit implicite de tout usage de ce mot en dehors de l'Holocauste qui a frappé les Juifs durant la Seconde Guerre mondiale en Europe. Depuis, il n'est pas concevable que l'on utilise le mot « déportation » pour désigner une autre tragédie que ce génocide, qui a donné lieu à la création du concept même de crime contre l'humanité. Pourtant, avant cet épisode monstrueux de l'histoire européenne, le mot « déportation » était utilisé, par exemple pour désigner le transfert des prisonniers français et coloniaux vers les bagnes de Guyane et de Nouvelle-Calédonie. Les condamnés aux travaux forcés étant pour certains des prisonniers politiques, révolutionnaires et prêtres réfractaires en Guyane, communards en Nouvelle-Calédonie, l'administration pénitentiaire les a progressivement distingués des « transportés » de droit commun, criminels, petits voleurs, vagabonds, prostituées et autres blessés et cabossés de la vie. Les archives font état de cette distribution entre « transportés » et « déportés ». Les bagnes reçurent aussi tout à fait officiellement des milliers de personnes condamnées à la déportation. Or peut-on nommer autrement l'acte violent qui a consisté à faire traverser l'océan Atlantique et l'océan Indien à des millions de personnes enchaînées, condamnées à travailler comme du bétail, sous le statut de « biens meubles » appartenant au patrimoine du maître ? L'usage exclusif de ce mot sert peut-être à conjurer le démon nazi. Mais il faudra bien, cependant, que la traite et l'esclavage soient aussi fortement condamnés.

Et quelles sont les générosités de cette loi ?

Sur le plan matériel, elles sont pratiquement nulles, si l'on retient que la disposition relative à la réparation a également été supprimée. L'article 5 du texte initial proposait la création d'un « comité de personnalités qualifiées chargées d'évaluer le préjudice subi et d'examiner les conditions de réparation morale et matérielle due au titre de ce crime ». Préjudice et réparation matérielle sont apparus comme des perspectives effrayantes. Même si matérielle n'est pas synonyme de financière. Pourtant, il n'était question que de la mise en place d'un comité. Mais c'était déjà reconnaître le bien-fondé d'une revendication de réparation et s'engager à y faire droit. Cette disposition a dérangé pratiquement tous les députés, mais, pour la plupart, ils auraient fini par se rendre aux arguments que je t'ai exposés. Finalement et essentiellement du fait de l'affolement du gouvernement, cette disposition a été ôtée du texte. Néanmoins, on peut considérer comme une « générosité » l'article 2 sur l'éducation, la recherche et la coopération. Il ne fut pas maintenu sans lutte. Et plusieurs députés, dont Louis Mermaz, ont été très actifs pour ce maintien, alors que nous connaissions l'opposition du ministre de l'Éducation nationale, que la garde des Sceaux relayait par une réticence gênée. Mais retenons que cet article reconnaît la nécessité d'introduire cette histoire dans les programmes scolaires. Il ne sera plus question d'évoquer en passant, au détour de la révolution de 1848, et dans le même lot, l'avènement du suffrage universel masculin, le décret d'abolition. Il sera question de la traite et de l'esclavage, des politiques d'État qui les ont portés, de la place des colonies, du rôle qu'ont joué les grands hommes de l'histoire de France, des luttes et du marronnage, des peuples disparus, des syncrétismes religieux, des langues nouvelles créées pour communiquer avec le maître, avec les autres esclaves et même, pour la Guyane et les Caraïbes, avec les Amérindiens natifs.

Ce sera aussi facile que ça ?

Certes non ! On court le risque que certains ouvrages propagent de fausses idées, mais l'article 5 de la loi définitive permet aux associations qui ont pour objet de défendre la mémoire des esclaves et l'honneur de leurs descendants de se constituer partie civile dans des procès. Elles peuvent donc porter plainte et demander des dommages et intérêts, par exemple pour punir l'apologie de crimes contre l'humanité.

C'est une autre générosité de cette loi.

Si l'on veut. Nous avons établi une distinction entre les dispositions où se manifestent les vieux démons et celles où s'expriment les générosités, mais cette distinction ne reflète pas tout à fait la réalité. Il n'y a pas vraiment lieu de parler de générosité. Ces dispositions sont en fait de simples actes de justice. Tardifs. Bienvenus néanmoins. Cette loi révèle un réel courage sur le plan de l'éthique, elle est moins audacieuse sur le plan politique.

Tu le regrettes ?

Je n'irais pas jusque-là. Une loi est une construction collective. Elle prend corps à la croisée d'exigences divergentes et parfois contradictoires. Elle en dit plus long par ses limites que par son contenu. Cela vaut particulièrement pour les lois qui participent de l'arsenal juridique de la défense des droits de l'homme. Car la loi construit les digues qui protègent les plus vulnérables.

Elle dit le niveau de conscience universelle des institutions qui doivent savoir se propulser au-delà de l'air du temps, des blocages ou des inhibitions, pour dégager l'horizon. François Mitterrand était encore candidat lorsqu'il a déclaré, malgré des sondages défavorables à l'abolition de la peine de mort, qu'il l'abrogerait s'il était élu.

Il y a des causes qui exigent des convictions nobles et une détermination digne. Il est certain que j'aurais préféré plus de hardiesse politique dans cette loi. Mais cette cause est un combat que j'aborde sans amertume ni regrets. Je fais le point à chaque étape pour considérer l'état des forces, apprécier les avancées, mesurer les inerties, évaluer les obstacles, prévoir les conquêtes à venir et réviser les stratégies. Il faudra œuvrer pour que ce qui a été évincé de la loi trouve sa place à l'école, dans les universités, dans la société.

Ça ne sera pas la même chose…

Certes non. Le professeur Louis Sala-Molins parle de la «fonction chrématistique» de la loi. En effet seule la loi, donc le jugement potentiel, peut annuler les conséquences d'actes criminels, en procédant à la «pesée des faits», à leur «pondération». Je partage volontiers cette approche. Et il est certain que la peur des mots a privé cette loi de sa vocation à dire et à mesurer le préjudice, à estimer la réparation. La fonction morale de la loi doit être consubstantielle à sa fonction normative. En clair, la parole solennelle qui réprouve est indispensable, mais la norme qui condamne et réprime l'est tout autant.

Malgré ses insuffisances, je pense que cette loi marque un tournant essentiel dans la conscience collective. Elle consolide l'architecture internationale des droits naturels des peuples et des citoyens. L'article 3 stipule qu'une requête en reconnaissance de ce crime contre l'humanité sera introduite auprès du Conseil de l'Europe et de l'Organisation des Nations unies notamment. La Conférence internationale contre le racisme de 2011 à Durban a consacré cette reconnaissance. Et depuis lors, le débat sur la réparation est devenu incontournable. Il connaîtra encore des avatars. On voudra le réduire à de simples revendications financières, mais on ne pourra l'empêcher de progresser. Et finalement, c'est peut-être mieux qu'il n'ait pas été confisqué par une poignée de personnalités, quelles que soient, par ailleurs, leurs qualités personnelles. Et qui sait ? Ce débat est peut-être le début d'un travail nécessaire sur les politiques publiques.

À quelque chose, malheur est bon ?
Toujours !

La colonisation

On parle davantage de ce qui s'est passé en Algérie que de la traite et de l'esclavage. On dirait que c'est plus important pour les Français. Tu ne trouves pas cela injuste ?

Si, mais la colonisation dont l'Algérie a été victime est une conséquence directe de la traite et de l'esclavage. Aimé Césaire l'a exprimé en ces termes : « Entre colonisateur et colonisé, il n'y a de place que pour la corvée, l'intimidation, la pression, la police, l'impôt, le vol, le viol, les cultures obligatoires, le mépris, la méfiance, la morgue, la suffisance, la muflerie, des élites décérébrées, des masses aviles. Aucun contact humain, mais des rapports de domination et de soumission qui transforment l'homme colonisateur en pion, en adjudant, en garde-chiourme, en chicote et l'homme indigène en instrument de production. À mon tour de poser une équation : *colonisation = chosification*[1]. »

La France devrait donc regretter toute l'aventure coloniale ?

1. Aimé Césaire, *Discours sur le colonialisme.*

La France républicaine, sans aucun doute et sans état d'âme. Car il ne faut pas oublier que le 14 juin 1830, lorsque la France conquiert militairement l'Algérie, c'est au cri de « vive le roi » que les soldats de Bourmont prennent Sidi-Ferruch. Cette conquête est effectuée selon le plan du commandant Boutin, conçu dès 1810, à la demande de Napoléon.

Pour l'Algérie, j'avais plutôt entendu parler de pacification. Mais il paraît qu'en réalité les colonisateurs n'étaient pas tendres.

Un proverbe africain dit que si les histoires de chasse étaient racontées par les lions, elles ne ressembleraient pas à celles que racontent les chasseurs. La parole du bourreau n'est jamais identique à celle de la victime. Et, souvent, l'emploi d'euphémismes est une agression qui s'ajoute à la violence physique. Que dire du terme « pacification » utilisé pour qualifier les vingt-sept années terribles qui suivirent l'acte signé le 5 juillet 1830, au lendemain de la prise d'Alger, dénommée la « cité barbaresque » ? Ils nommèrent ce traité « acte de capitulation », décidèrent de placer Hussein dey, équivalent du Premier ministre en Algérie, sous la « protection » de l'armée du roi Charles X, tant qu'il resterait à Alger. Ce qui n'empêcha pas Bourmont de s'emparer de son trésor, ni l'intendant Dennie de se constituer une estimable fortune.

J'ai l'impression que tu racontes l'Histoire à ta façon. Ce n'est pas celle de mes livres d'école.

« La géographie, ça sert, d'abord, à faire la guerre. » C'est à la fois un dicton et le titre d'un ouvrage éclairant d'Yves Lacoste. J'ai envie d'ajouter que l'Histoire la magnifie, mais je conviens que ce serait un raccourci. Je ne te raconte rien à ma façon. Je suis sûre que tu rencontreras tôt ou tard des professeurs prêts à t'expliquer les faits tels qu'ils se sont déroulés et à ne pas censurer les leçons que tu pourrais en tirer.

Comment ça s'est passé en Algérie ? Les Français sont arrivés, ils ont tout brûlé, torturé les hommes, commis mille exactions comme ça, sans raison, brutalement ?

Il y a une raison prédominante, c'est l'expansion de la puissance économique. Et puis, il y a une façon d'être sûr de son bon droit. C'est l'illusion de la supériorité de race, de culture ou de civilisation. Elle se déguise, selon le cas, en évangélisation, croisade ou mission civilisatrice.

Les croisades ! Ça a commencé à ce moment-là ?

Tu confonds, génie ! Les croisades, qui ont commencé en 1096, se sont achevées en 1291. Tu devrais lire un livre instructif d'Amin Maalouf, *Les Croisades vues par les Arabes*[1]. Il est toujours édifiant de changer d'angle de vue pour un même événement, surtout de cette envergure et de cette complexité. C'est aussi ce que conseille ce professeur de littérature campé par Robin Williams dans le film émouvant et roboratif, *Le Cercle des poètes disparus*, de Peter Weir. Mettons entre parenthèses la présence française au Maghreb sous le règne de Saint Louis en 1270. Les contacts sont renoués au début du XVIe siècle : attaques et bombardements se succèdent… Une alliance est conclue en 1536 entre le Grand Turc, Soliman le Magnifique, également surnommé le Législateur, souverain de l'Empire

1. J.C. Lattès, 1983.

ottoman, et François Ier; des relations commerciales sont maintenues sous la Révolution; un traité est signé par Talleyrand pour Napoléon en mai 1802.

La compétition européenne pour établir des liens privilégiés avec le Maghreb est intense. Les Français intriguent avec des négociants et se montrent négligents dans leurs rapports officiels. Des tensions très vives surgissent à propos d'une dette de blé datant de 1796 que le Directoire a omis d'honorer, provoquant l'exaspération de Hussein dey qui, lors d'un entretien, manifeste son agacement en frappant le consul général Pierre Deval d'un revers de chasse-mouches. La France s'estime humiliée. Elle vient de trouver un excellent prétexte. Blocus. Demande d'excuses. Refus. Le Conseil des ministres du 31 janvier 1830 approuve le «principe d'une intervention», comme on le dit encore aujourd'hui lorsque l'on veut engager la guerre sans consulter le Parlement. Note bien que le Parlement n'est qu'un embarras contemporain. À l'époque, ces décisions étaient prises souverainement à la cour du roi de France.

Que font les Algériens?

Le 27 juillet 1830, peu après la signature de l'acte de «capitulation», Bou Mezrag, bey du Titteri, renie son allégeance à la France, et les communautés de la Mitidja, plaine agricole à la périphérie d'Alger, se réunissent près du cap Matifou pour un appel à la résistance. En 1832 commence l'épopée d'Abd el-Kader, jeune émir talentueux qui se faisait appeler «l'épine dans l'œil des Français». Dans les accords signés avec le général Desmichels, le jeune émir obtient le commerce des armes et le contrôle des céréales. En 1836,

Constantine se rebiffe sous la conduite de Ben Aïssa. Abd el-Kader est défait en 1847, après quinze ans d'une guerre impitoyable. Les Kabyles continuent à résister jusqu'en 1857. La guerre des mots ne tarit pas. Le 14 octobre 1839, le ministre de la Guerre déclare : « Le pays occupé par les Français dans le nord de l'Afrique sera à l'avenir désigné sous le nom d'Algérie. La dénomination ancienne de Régence d'Alger cessera d'être employée dans les actes et correspondances officiels. »

Si on appelait le pays « Régence d'Alger », c'est qu'il n'était pas indépendant avant la conquête française ?

Il est exact qu'il avait précédemment subi des occupations : numide, romaine, vandale, byzantine, arabe, almoravide, abdelwadide, turque. La conquête française unifie le pays géographiquement, mais les historiens considèrent qu'elle ne parvient à l'unifier ni culturellement, ni politiquement, ni socialement ; d'ailleurs, la France ne s'en soucie guère. Un siècle plus tard, Ferhat Abbas, premier président du gouvernement provisoire de la République algérienne, qui fut d'abord favorable à l'intégration de l'Algérie à la France, puis profondément hostile à la présence française, dit avec humour : « Mon pays a le sens tribal. »

Il reconnaissait que l'Algérie était illettrée et arriérée ?

Pas du tout. Cette phrase révèle au contraire la puissance de résistance de la culture et des coutumes. L'histoire la plus courante enseigne que la vie culturelle était indigente après les trois siècles d'occupation turque. Elle oublie les *tolbas*, ces écoles coraniques qui ont servi de rempart contre l'illettrisme et favorisé la cohésion sociale. Elle fait peu de cas de l'allergie berbère aux dominations étrangères. Elle omet de dire exactement ce que furent ces « gourbis » et ces « guitounes », noms péjoratifs désignant les habitations des fellahs, les paysans. Les statistiques sont rares. On sait cependant qu'il y avait peu de routes et que l'état de santé publique était déplorable. L'esclavage y sévissait, comme dans toutes les colonies françaises. Lorsque les quinze mille esclaves noirs ont été libérés, livrés à eux-mêmes, sans aide ni assistance, ils ont dû assurer seuls leur subsistance.

Les occupants français ont confisqué les terres et les propriétés des Turcs d'abord, puis des Algériens. Au total, ils ont exigé 450 000 hectares et 35,5 millions de francs en réparation de leurs pertes de guerre. Tu vois, voilà une nouvelle fois une conception partiale de la réparation !

Ils ont tous les droits ! Et les Algériens, eux, ont-ils eu droit à des réparations ?

Non. Pourtant, outre les terres et les biens saisis, des travaux d'historiens émettent l'hypothèse qu'un sixième de la population algérienne a péri durant les vingt-cinq premières années d'occupation française.

Ils ne se sont pas laissé faire, au moins ?

Non. Même sporadique, la résistance a existé. Mais la colonisation est un processus violent. En 1843, Bugeaud, maréchal de France et gouverneur de l'Algérie, donne des ordres formels face à l'insurrection conduite par Bou Maza, un chef kabyle : « Si ces gredins se retirent dans leurs cavernes, fumez-les à outrance, comme des renards. » Et, de fait, le général Pélissier enfume la grotte du Dahra, boucanant cinq cents personnes, hommes, femmes, enfants. Deux mois plus tard, Saint-Arnaud fait emmurer cinq cents personnes en se justifiant ainsi : « Ma conscience ne me reproche rien, j'ai pris l'Afrique en dégoût. »

Dès le 8 avril 1870, les Algériens déclarent le *djihad*, la guerre sainte, qui a duré deux ans. La France vient de perdre l'Alsace et la Lorraine, annexées par l'Empire allemand. Le Second Empire s'effondre. La France est affaiblie, mais son armée et ses colons continuent de faire subir aux Algériens de graves injustices, d'ailleurs autorisées par le Code forestier, et leur appliquent un statut discriminatoire bientôt officialisé par le Code de l'indigénat. Selon ce code, les Français sont citoyens et les Algériens sujets. Il y a des infractions propres aux indigènes, tel le délit d'insolence ou de désobéissance à un patron français. De plus, le *djihad* est réprimé dans le sang et ses chefs sont déportés aux bagnes de Nouvelle-Calédonie et de Guyane. Louise Michel et d'autres communards sont également déportés en Nouvelle-Calédonie à la même époque. Fait étrange, lorsqu'en 1878 explose la révolte kanake, ces anticolonialistes sont très peu nombreux à se montrer solidaires des Kanaks. Parmi les Français, Louise Michel est la seule à s'engager sans réserve. Seule, elle porte l'honneur de la France, la « patrie des droits de l'homme ». Respectueuse de leur culture, en plus d'être solidaire de leur sort, elle collectera des *Légendes et chansons de geste canaques* qu'elle publiera à Nouméa en 1875.

Fait étrange, disais-tu ?

Oui. Parce qu'on veut souvent croire que les ressorts de la résistance à l'occupation et à l'oppression sont universels. On s'attend à ce qu'ils agissent en toutes situations et que ceux qui ont résisté à l'oppression chez eux résistent aux mêmes abus ailleurs.

N'y avait-il pas un Français pour sauver l'honneur de la France en Algérie ? Moi, j'ai appris que Bugeaud était un grand chef. Or tu viens de parler d'un tortionnaire !

Il est vrai qu'il a été partisan de l'instauration d'un mode de gouvernement qui laisserait leur place aux Algériens dans l'administration du pays, mais cela ne l'a pas empêché d'avoir recours à la violence. C'est à la France de savoir dans quelle mesure elle assume ses chefs de guerre. Par chance, il s'en est trouvé à toutes les époques pour sauver son honneur. En Algérie, ce furent les humanistes Berthezène, général d'armée qui se comportera correctement, au point que des Algériens le surnommeront le Marabout, et Thomas-Ismaël Urbain, né en Guyane, interprète militaire, qui montrera respect et empathie, et épousera d'ailleurs une Algérienne. Mais leurs noms ne sont ni dans les manuels scolaires, ni dans les dictionnaires… À peine dans quelques ouvrages spécialisés.

Cette guerre d'Algérie, elle commence bien en 1954 ?

Elle est précédée en mai 1945 par ce qu'on a appelé la révolte dans le Constantinois. Les Algériens ont combattu aux côtés de la France durant les deux guerres mondiales. Pour la seconde, leur engagement était quelque peu ambigu, compte tenu de la contestation croissante de la politique coloniale française sur leur territoire. Déjà en 1927, lors du Congrès anti-impérialiste de Bruxelles, le premier point de revendication était l'indépendance totale de l'Algérie. *Istiqlal*,

« Indépendance », c'était leur slogan et leur horizon ! Le 8 mai 1945, alors même que Paris est en liesse et que la France célèbre la fin de la guerre, une révolte à Sétif est réprimée dans le sang, par ce que l'on désignera plus tard comme « le massacre de Sétif » et qu'Yves Benot décrira dans son livre *Massacres coloniaux*[1]. La résistance connut un tournant le 2 novembre 1954. La guerre dura huit ans, huit années d'invraisemblables horreurs et d'un engrenage infernal qui aboutirent finalement à l'inévitable libération de l'Algérie, ratifiée par les accords d'Évian en juillet 1962.

La colonisation est dramatique, mais elle n'a pas la dimension inhumaine de la traite négrière et de l'esclavage. Pourtant, on en parle beaucoup plus. Est-ce parce que c'est plus récent et qu'il y a encore des survivants ?

Oui. De part et d'autre, des aveux et des révélations font encore aujourd'hui l'actualité. Et puis, l'Algérie est un pays tandis que la traite négrière et l'esclavage ont impliqué trois continents. Le crime paraît incommensurable, d'autant que de nombreux métissages ont eu lieu. Mais il n'y a pas que des explications rationnelles.

Ce que je t'ai expliqué te permet de comprendre que la guerre des mots parachève l'œuvre des canons. Frantz Fanon disait que le colonisateur, non content de voler l'avenir du colonisé et de confisquer son présent, « s'empare de son passé, le défigure, le distord ». L'usage de certains mots peut avoir un effet meurtrier dans la symbolique de domination. Les numéros de prestidigitation qui tentent de diluer des horreurs par

---

1. Yves Benot, *Massacres coloniaux, 1944-1950 : la IVᵉ République et la mise au pas des colonies françaises*, La Découverte, 1994.

des tours de passe-passe entre des faits de nature différente participent de l'œuvre de destruction. Ils la prolongent. Parfois aussi, ce sont de simples erreurs. Dans ce cas, il faut contribuer au débat. Mais lorsque nous sommes face à des manipulations qui visent à poursuivre par les mots la destruction commencée par les armes, nous devons, au nom de la liberté, de l'égale dignité des cultures, de la paix, nous y opposer de toutes nos forces. Pas de complaisance envers ce ministre israélien qui a traité les Palestiniens de poux et de cancers. Sinon, cela voudrait dire qu'on a la même déférence pour un gouvernement conduit par un homme de la stature et du courage d'Yitzhak Rabin que pour un gouvernement encanaillé par la démence guerrière. Pas de complaisance envers le président de la première puissance mondiale qui avait promis d'«enfumer les Afghans dans leurs terriers», divisait sommairement le monde de part et d'autre d'un axe du bien et du mal, lançait des croisades au XXIe siècle, réclamait un terroriste mort ou vif, comme si la lutte contre la folie destructrice relevait du scénario de western. Pas de quartier non plus pour les terroristes, quelle que soit leur appartenance ou leur apparence, pas de complaisance envers ceux que fascine le crime, même s'ils y trouvent eux-mêmes la mort. C'est au prix de cette rigueur que l'on contribue à la paix dans le monde. La paix n'est ni l'équilibre de la terreur ni la suprématie des plus forts. La paix est cette fragile construction commune, sans cesse recousue sur des injustices et des inégalités que l'on doit s'obstiner à combattre.

Les formes contemporaines
et dites modernes de l'esclavage

Revenons à ta loi, même si tu ne veux pas l'appeler ainsi. Est-ce qu'elle peut servir à combattre l'esclavage moderne ?

À proprement parler, non. L'objet de cette loi est très précisément de qualifier la traite négrière et l'esclavage qui ont sévi aux Amériques et dans l'océan Indien, et de commencer à les réparer, sur un plan moral et pédagogique. Mais en participant de l'ensemble des dispositions pénales contre les atteintes aux droits de l'homme, cette loi contribue à préciser l'esprit et le nombre des interdits édictés par les institutions, et par les plus autorisées d'entre elles, puisqu'il s'agit du Parlement et du gouvernement. Elle est destinée à caractériser ce que l'on peut nommer esclavage-système, ou esclavage historique, ou esclavage racial, et à tenter d'envoyer la reproduction mécanique de ses effets discriminatoires et humiliants. Néanmoins, elle a son utilité dans la lutte contre ce que certains appellent l'esclavage moderne.

Quelle est la différence entre les deux ?

L'esclavage, appelons-le esclavage racial, assorti de la traite – comme je l'ai expliqué, pour la première fois ces deux fléaux étaient à ce point imbriqués –, cet esclavage-là relève d'une activité organisée, systématique, à grande échelle, du commerce et de l'exploitation d'êtres humains. Je t'ai raconté comment les puissances européennes avaient officiellement structuré, codifié, rationalisé le commerce triangulaire et l'esclavage, comment l'Église avait donné sa bénédiction, comment les sciences prétendues humaines lui avaient trouvé des motifs et des justifications. Les pratiques arabo-musulmanes, qui ont décimé les mêmes populations, ne doivent être ni absoutes ni sous-estimées ; cependant par les *asientos*, bulles papales, doctrines philosophiques, codes noirs et autres supports, l'Europe propulse à une autre échelle, méthodique, planifiée, rationnelle, ce qui relevait plutôt du rapt, du banditisme, du brigandage, de la flibuste, tout en étant déjà lucratif. Le Coran n'interdit pas l'esclavage, pas plus que la Bible ou les traités philosophiques d'Aristote ou de saint Augustin, qui suggèrent tous que cette condition relève d'un ordre social naturel, plaidant, certains, pour une domination bienveillante, exhortant les maîtres à traiter leurs esclaves sans trop de rigueur, pour que cette condition soit acceptable. Voilà pour l'esclavage racial ou esclavage-système.

Ce que certains appellent esclavage moderne relève de la servitude domestique ou de l'exploitation sexuelle, dans la plupart des cas. Il y a une différence majeure entre l'esclavage-système et l'esclavage dit moderne. Dans le premier cas, les plus hautes autorités de l'État ne sont pas seulement concernées ; pire, elles sont organisatrices. L'Église est complice. La justice dispose d'un code qui stipule que l'esclave n'est pas une personne mais un bien mobilier, propriété d'un maître. L'esclave est cerné. Personne ne peut le secourir. Et ceux qui, solidaires, veulent lui venir en aide doivent convaincre les autorités de lui réserver un sort plus humain. Ou alors ils doivent l'aider à échapper à la fois au maître, au pouvoir politique, à l'autorité ecclésiastique et à la justice.

L'esclavage dit moderne, au contraire, est interdit. Il recouvre des agissements privés, des délits et parfois des crimes non seulement moralement répréhensibles, mais juridiquement interdits, donc pénalement condamnables. Ceux qui le pratiquent doivent être punis – et ils ne le sont ni assez souvent ni assez durement.

L'esclavage moderne est moins grave, alors ?

C'est toujours très grave d'attenter à la liberté d'autrui. C'est grave de voler la force de travail de quelqu'un, d'exercer sur lui les « attributs de propriété », pour reprendre la définition de la Convention internationale sur l'esclavage, autrement dit de le traiter comme un objet. Mais il y a une différence de taille entre les systèmes qui prospèrent sous la protection d'États scélérats et des cas isolés, clandestins, de personnes qui profitent d'ailleurs parfois de leur immunité diplomatique ou parlementaire…

Je suppose qu'on ne les combat pas de la même façon ?

Pour être efficace, non. Dans le cas de l'esclavage-système, il s'agit de contraindre les États qui le tolèrent à protéger leurs ressortissants et à garantir leurs droits et, par-dessus tout, leur liberté. Sais-tu que la dernière abolition de l'esclavage ne remonte qu'à 1981 ? C'était en Mauritanie, pays membre pourtant de l'Organisation des Nations unies depuis le 27 octobre 1961. Malgré toutes les conventions internationales dont je t'ai parlé, la Mauritanie pratiquait officiellement l'esclavage inscrit dans ses lois jusqu'en 1960. Sa Constitution de 1961 proclame l'égalité entre tous. Mais ce n'est que par l'ordonnance de novembre 1981 que l'esclavage est explicitement aboli, même s'il n'est défini que comme séquelle et que, tiens-toi bien, il est prévu l'indemnisation des maîtres. Eh oui !

Les maîtres Bidhans sont en général des Maures, et les esclaves, Hanâtîn ou Abîd, sont Noirs ou métis issus de viols. En mars 2007, il y eut dans ce pays ce que l'on appela les premières élections libres depuis l'indépendance de 1960. Il en est résulté, dès septembre 2007, la promulgation d'une loi incriminant l'esclavage et le punissant de cinq à dix ans de prison ainsi que d'une amende pouvant atteindre un million de l'unité monétaire nationale (l'ouguiya), et sanctionnant fonctionnaires et juges passifs pour non-assistance aux esclaves.

Malheureusement, le coup d'État d'août 2008 survenu dans ce pays a infligé un arrêt brutal au processus démocratique lui-même, donc à cette conquête en particulier, et les Hanâtîns qui osent porter plainte font très souvent la triste expérience de l'indifférence des autorités territoriales, préfets-hakem ou gouverneurs-wali.

Les ONG assurent pourtant que l'esclavage perdure et est loin d'être négligeable, puisque 4 % de la population serait asservie.

Le gouvernement mauritanien s'est engagé avec l'Onu, en ce début d'année 2015, sur une feuille de route pour l'éradication de l'esclavage. C'est un progrès au sens où cet engagement vaut reconnaissance de la réalité, mais pour donner corps et chances à cet engagement, il faut probablement muscler la loi, notamment en permettant à la société civile, via les ONG, de se constituer partie civile…

C'est-à-dire ?

C'est-à-dire que des associations qui ne subissent pas directement les effets de l'esclavage aient le droit de déposer plainte et d'accéder aux pièces du dossier. Les pouvoirs, quels qu'ils soient, n'aiment pas consentir à cette possibilité pour des militants de se mêler de l'action judiciaire, voire de déclencher l'action publique. Et même dans un pays comme la France, sur un autre sujet sensible, la lutte contre la corruption, j'ai dû beaucoup batailler pour faire inscrire dans la loi le droit pour les associations de se constituer partie civile. Les sénateurs ont été majoritaires à s'y opposer, ce sont les députés qui l'ont voté.

Eh bien ! J'imagine qu'en Mauritanie, ce n'est pas gagné !

Oh, là aussi des ONG se battent ! C'est sans doute plus difficile, mais elles ont de l'ardeur. Une ONG a été créée par des descendants de Hanâtîns et de Bidhans. Symboliquement, c'est beau, mais en plus, cela révèle une autre mentalité de génération.

Et la Mauritanie est-elle le seul pays à placer au ban des nations en ce xxiᵉ siècle à peine moins brutal que le xxᵉ ?

Déjà, il vaut mieux que la communauté internationale soit plutôt aux côtés de la Mauritanie, aussi bien de ses autorités politiques, comme pour la feuille de route engageant le gouvernement, qu'aux côtés de ses acteurs civils, comme SOS Esclavage dont je viens de parler, que d'IRA, Initiative pour la résurgence abolitionniste, ou des ONG transnationales. C'est possible grâce au statut de membre ou d'observateur d'instances de l'Onu.

Sinon, hélas, d'autres pays se distinguent par leur complaisance ou leur inertie à combattre ce fléau. Ailleurs, comme par exemple au Pakistan, les habitants les plus pauvres et les plus faibles sont exposés à un ignoble trafic. Ils sont parfois vendus par leurs propres parents, pour rembourser des dettes ou pour survivre, comme au Gabon, en Côte-d'Ivoire, au Ghana, en Éthiopie, en Érythrée. Ils peuvent également être ouvertement recrutés par des agences ayant pignon sur rue comme aux Philippines ou au Sri Lanka.

Au Brésil, au Pérou, et ailleurs en Amérique du Sud, des travailleurs noirs et amérindiens sont asservis par un système malhonnête qui a cours dans les mines d'or ou les exploitations forestières : les employeurs leur accordent un prêt puis les obligent à s'endetter davantage en pratiquant une inflation galopante sur les prix de la nourriture, du logement, des outils qu'ils se chargent de leur fournir eux-mêmes, bien entendu. Ils sont ainsi employeurs, commerçants, banquiers, une espèce d'encerclement là aussi.

Et puis il y a aussi le cas particulier d'Haïti.

Haïti ! Chaque fois qu'il est question de malheurs, Haïti est de la partie ! C'est un destin poignant ! Pour l'esclavage de nos jours aussi, malgré l'insurrection victorieuse de 1791.

Sous la dictature de Papa Doc, Duvalier père, qui s'était autoproclamé président à vie, les travailleurs haïtiens étaient vendus à la République dominicaine voisine comme coupeurs de canne vivant dans des *bateys*, les campements autour des plantations. Ce commerce rapportait chaque année au budget de l'État, qui d'ailleurs se confondait avec la fortune privée des Duvalier, un million deux cent cinquante mille dollars. Rien ne prouve que ces usages sordides soient totalement révolus, même s'ils ne s'effectuent pas sous le couvert de l'État.

À Haïti, des enfants dénommés «Restavek» ou «Lapourça» sont généralement des petites filles ou des adolescentes confiées ou vendues par des familles pauvres à des familles bourgeoises, souvent descendants de mulâtres, mais pas seulement, la bourgeoisie noire y prenant également sa triste part. Et si, comme tu dis, Haïti est trop souvent assise à la table du malheur, il n'y a là aucune fatalité, aucune malédiction comme on l'entend dire parfois. Il y a un crime et ses auteurs, des criminels. Il y a une cause et l'urgence de la servir, de la défendre par tous les moyens de droit et de coercition. Et malheureusement, le tour du monde de cette abomination en confirme la nécessité. Des ONG affirment que l'esclavage est encore courant au Soudan. Ce pays est cependant membre de l'Onu depuis le 12 novembre 1956. D'autres pays sont épinglés par des associations sérieuses et crédibles dont les militants se battent sur le terrain pour faire disparaître cette ignominie.

C'est le cas en Inde où le travail obligatoire a pourtant été aboli le 24 octobre 1975. Et de temps en temps, une tragédie vient nous rappeler que nous ne parlons hélas pas que du passé, que l'ignoble tendance à opprimer son prochain pour en tirer profit persiste en de nombreux endroits du globe, qu'aucun d'entre nous ne peut s'en affranchir, même en tant qu'êtres humains, frères des hommes, ni en tant que consommateurs complices malgré nous, ni encore moins en tant que responsables politiques, comptables de l'état du monde.

Le monde, justement, est devenu l'espace béant des compétitions économiques, des connivences financières, du cynisme procédurier, des oppressions sournoises et sordides, des manœuvres pour squatter les failles du droit.

C'est ce qui s'est passé avec l'effondrement du Rana Plaza, le 24 avril 2013, dans la banlieue de Dacca au Bangladesh. Mille cent trente morts, plus de deux mille blessés, des sauveteurs vaillants, mais traumatisés par le cauchemar de ces vivants piégés dans les décombres d'un immeuble qui abritait les ateliers textiles où travaillaient plus de dix heures par jours des hommes, des femmes, parfois des enfants, tous pauvres et vulnérables, sujets de droit sans droits et objets d'exploitation.

C'est bien triste. Mais au moins, ça ne se passe pas en Europe !

Détrompe-toi. En Suisse, en France, en Angleterre, en Allemagne, aux États-Unis, des personnes asservies pour dettes travaillent dans des ateliers ou sur des chantiers clandestins. S'y trouvent des jeunes filles, mais aussi des jeunes gens achetés ou recrutés dans des pays pauvres, réduits en esclavage par de pseudo-employeurs qui leur confisquent leurs papiers, les privent de liberté, ne leur versent aucun salaire. Ces employeurs sont souvent des notables. Et pour ce qui concerne Rana Plaza, il te faut savoir que des enseignes de pays démocratiques se réclamant bruyamment des droits de l'homme y passaient commande pour faire fabriquer leurs collections de vêtements, à l'abri des regards des citoyens-consommateurs. Ces derniers doivent exiger l'engagement de ce que l'on appelle la responsabilité sociale des entreprises.

Soit! Je crois avoir compris en théorie la différence entre l'esclavage-système et l'esclavage moderne, mais dans les faits, j'ai l'impression que c'est moins simple.

Tu as raison. Et notamment pour les victimes. Il y eut la traite négrière et l'esclavage érigés en système, dont nous avons déjà décrit les abominations. Il existe un esclavage contemporain qui continue à acheter ouvertement des êtres humains, alors que toutes les conventions internationales interdisent et incriminent l'esclavage, et qu'aucun pays, membre de la communauté internationale, ne peut abriter une législation autorisant l'esclavage. Ce crime prospère parce qu'il est porté par les réseaux de traite d'êtres humains. Ces réseaux fournissent ces employeurs qui exposent des hommes aux intempéries, leur imposent des cadences infernales, des conditions de vie et de travail inhumaines. Ils approvisionnent ceux qui recherchent surtout des femmes et des enfants pour les soumettre aux servitudes les plus diverses, principalement sexuelles et domestiques, que l'on inclut dans l'esclavage dit moderne. Tous ces systèmes, procédés ou pratiques avilissent leurs victimes.

Lorsqu'un pays pratique ou laisse pratiquer officiellement l'esclavage, le combat consiste à supprimer les textes infâmes qui l'autorisent, avant même de recourir à l'appareil judiciaire pour obtenir la sanction d'un acte qui serait légal. Le combat se situe également sur le plan international quand il s'agit de faire mettre ce pays au ban des nations, comme tu disais tout à l'heure.

Lorsque l'esclavage ou la servitude sont pratiqués clandestinement et à titre privé, dans le cadre de législations qui les interdisent, la bataille est judiciaire. Chaque citoyen est concerné et a le devoir de porter secours aux victimes. Il faut aller au commissariat ou informer une association de lutte contre l'esclavage dit moderne.

Tu n'aimes pas ce nom ?

Je ne trouve rien de moderne à l'esclavage.

Ce sont les formes qui sont modernes.

Elles restent archaïques, au contraire. Quelles que soient leur ingéniosité et leur habileté, ceux qui parviennent à asservir des êtres humains font surtout preuve d'une indigence morale, d'une inaptitude à respecter l'autre, d'une inaptitude à honorer leur propre humanité, d'une férocité dont aucun animal n'est capable.

De barbarie, quoi. Donc, tout citoyen peut aller porter plainte pour esclavage moderne ?

Ce délit n'existe pas dans le Code pénal. L'avantage des concepts forts est de frapper les consciences et de mobiliser les énergies. Celui d'« esclavage moderne » en est un. Note que les Anglo-Saxons parlent de *modern-day slavery*. Mais il y a le langage et il y a les règles du droit. Dans le combat judiciaire, il faut frapper avec précision pour être efficace. Il est arrivé que des personnes mises en cause pour « servitude » échappent à des condamnations en plaidant la bonne foi ou des intentions louables envers la victime – qu'elles auraient arrachée à un sort funeste ou prise en charge à la demande de la famille. Alors que, dans certains cas, des délits clairement identifiés comme l'immigration clandestine, la confiscation de papiers, la séquestration, les coups, les traitements dégradants auraient donné lieu à des sanctions.

Mais est-ce suffisant ?

Assurément, non. C'est pour cela qu'il fallait combler ces lacunes juridiques et entretenir cette dynamique interactive entre les législations nationales et les instruments internationaux, afin d'aboutir à un champ infractionnel et pénal unifié : mêmes définitions, mêmes sanctions. Il faut qu'enfin ce soient les esclavagistes qui se sentent encerclés, cernés.

Cette perspective m'enchante. Mais comment fait-on pour combler les lacunes juridiques ? En France, par exemple ?

D'abord en identifiant les défauts et les imprécisions de la loi, et en l'écrivant le plus précisément possible. Le droit dans une démocratie se caractérise par sa prévisibilité, il faut donc qu'il soit clair et intelligible, et par sa sécurité : il faut qu'il soit stable et établi sur des fondements clairs en termes de valeurs éthiques.

Pour ce qui concerne la précision, par exemple, alors que j'effectuais la transformation dans le Code pénal français de directives européennes et d'une convention de l'Onu sur la traite des êtres humains, nous avons été confrontés à l'absence d'infractions définissant l'esclavage et la servitude. Pas d'infractions, pas de sanctions. Pourtant l'esclavage était bien présent dans le Code pénal, à l'article 212 consacré aux « Autres crimes contre l'humanité », l'article précédent, 211, traitant du « Génocide ». C'est l'esclavage-système, collectif. L'esclavage individuel en tant que tel non plus que la servitude n'étaient mentionnés ni définis dans le Code pénal ; donc pas sanctionnés en tant que tels. C'est désormais chose faite. J'ai mis en place un groupe de travail associant juristes et parlementaires, pour une écriture d'articles qui garantissent les qualités que j'évoquais de prévisibilité et de sécurité. Et par la loi du 5 août 2013, nous avons introduit ces infractions spécifiques, désormais punies, pour l'esclavage, de vingt ans de réclusion criminelle avec des peines complémentaires notamment de suppression des droits civils et civiques, et surtout de confiscation de la totalité du patrimoine, que l'origine en soit légale ou illégale. La servitude est punie de dix ans d'emprisonnement et de 300 000 euros d'amende ; le travail forcé est puni de sept ans d'emprisonnement et de 200 000 euros d'amende. Nous avons également précisé le délit de traite des êtres humains, dorénavant puni de sept ans d'emprisonnement et de 150 000 euros, qui montent à dix ans et 1,5 million en cas de circonstances aggravantes, sur mineur par exemple. Et l'auteur ne peut se prévaloir du consentement de la victime.

Oh là ! La loi a la main lourde !

Il faut savoir que la traite des êtres humains est une activité criminelle lucrative, la troisième selon l'Office des Nations unies contre la drogue et le crime (ONUDC) – après le trafic de stupéfiants et les contrefaçons – avec un chiffre d'affaires de 32 milliards de dollars. Le nombre de victimes varie de 22 millions selon l'Organisation internationale du travail (OIT) à 65 millions de personnes selon d'autres sources. Environ 30 % de ces victimes sont des enfants et 80 % de l'ensemble des victimes sont contraintes à l'exploitation sexuelle. Les autres formes d'assujettissement sont les mariages forcés, le travail forcé, la mendicité forcée, la servitude pour dettes. La conséquence est quand même de casser la trajectoire de vie de ces personnes, de les priver de leur propre destinée, outre les sévices qui leur sont infligés.

Une des difficultés, d'ailleurs, pour connaître vraiment le nombre de victimes, est que nombre d'entre elles ignorent qu'elles sont esclaves ! Les enfants et les victimes qui ont été vendus très jeunes ou qui sont toujours maltraités ne savent même pas que leur sort n'est pas normal, encore moins qu'il est illégal, et encore moins que des procédures existent pour les protéger. Il faut un arsenal juridique et judiciaire solide pour y faire face. La communauté internationale a adopté en 2004 le protocole additionnel à la Convention contre la criminalité organisée. Ce protocole vise à prévenir, supprimer et punir la traite des êtres humains, *human trafficking*, spécialement lorsqu'elle vise les femmes et les enfants.

Il n'empêche que la proportionnalité est un principe fondamental, comme tu aimes dire…

C'est exact. La proportionnalité, la gradation des peines selon la gravité des actes sont bien là des fondements du droit en démocratie. Et la sanction doit avoir un sens. Pour la société, pour la victime, mais aussi pour l'auteur. Il ne s'agit pas, malgré l'émotion, l'indignation, la révolte que nous inspirent ces délits et ces crimes, de nous perdre nous-mêmes dans des châtiments démesurés. Le procès pénal rompt justement le vis-à-vis dont la conséquence principale est la vengeance inépuisable qui se perpétue de génération en génération, comme il en fut dans les sociétés archaïques, comme il en est encore autour de concepts totalement rétrogrades tels que ce que certains appellent les crimes d'honneur, qui ne sont que des crimes. Cesare Beccaria écrivait déjà en 1764 que «la justice est le lieu nécessaire des intérêts particuliers» et que l'absence de ce lieu «ramènerait à l'ancien état d'insociabilité». Il ajoutait que «tout châtiment qui va plus loin est de nature injuste». Ainsi, non seulement le procès pénal rompt utilement le face-à-face auteur/victime, mais il transporte la possibilité d'un lien social rétabli, et il met un terme au litige.

En l'occurrence, les sanctions sont à la fois à la mesure des préjudices et conformes aux principes.

Tu te doutes bien que ce n'est pas par compassion que je m'étonne, mais en me demandant si l'effet ne sera pas plutôt, tant qu'à risquer autant, d'accentuer l'activité.

C'est un risque. Le seul moyen de l'annihiler, c'est l'efficacité. Et de ce point de vue, ce que nous avons engagé est plutôt probant. Grâce à l'arsenal pénal ainsi complété et renforcé, le nombre de condamnations est passé du nombre dérisoire de 2 en 2006 à 140 en 2014.

Excusez du peu! La partie est donc gagnée?

Je ne m'en réjouirais pas si vite. Il est certain que cela fait une vraie différence. Néanmoins, s'il est essentiel de sanctionner, il est indispensable d'élever le niveau de conscience des interdits, dans leur dimension éthique, plus encore que pénale. C'est tout de même à la fois la principale conséquence et le principal enseignement des luttes conduites par tous ceux qui ont refusé l'oppression, et singulièrement par celles et ceux qui ont ébranlé, fragilisé puis détruit le système esclavagiste.

Tout est lié, en somme ?

On peut dire les choses ainsi. Les insurrections, le marronnage et les multiples formes de sabordage du système esclavagiste par les esclaves et leurs alliés ont rendu légitimes, dans l'instant et par avance, le postulat de l'unité de la condition humaine, la revendication d'égalité, le respect des droits civils et des droits civiques. Ils révèlent bien, comme l'a dit Louis Delgrès, que la résistance à l'oppression est un droit naturel, qu'il soit inscrit ou non dans la loi. La leçon est d'une portée universelle. L'enjeu n'est pas négligeable, eu égard au nombre de victimes concernées, et dont je t'ai dit qu'on n'est même pas certain qu'elles ne sont pas plus nombreuses. Et tous les pays sont affectés, en tant que pays d'origine, de transit ou de destination.

Ça donne le vertige ! Il y a du pain sur la planche pour ma génération !

Sans compter qu'il revient également à ta génération de se mobiliser contre la peine de mort à travers le monde. Tous ces combats sont liés. Certains pays s'enfoncent dans une véritable criminalisation de la pauvreté, dans une pénalisation des différences et des singularités. Autour d'un discours sécuritaire d'égoïsme et de lâcheté, la sévérité débridée des sanctions conduit à jeter des pauvres en prison, y compris pour de petits délits, et à exécuter à tour de bras, sans preuve, sans certitude, sans pitié, des mineurs, des handicapés, des orphelins, des marginaux. Et tout cela ne se passe pas seulement dans les pays les plus démunis ni les plus inégalitaires.

Aux États-Unis, par exemple. Après l'abolition de l'esclavage il y a eu la ségrégation, après l'illusion des droits civiques avec Martin Luther King, l'emprisonnement à outrance. C'est difficile de ne pas comprendre la révolte et les dégâts qu'elle provoque. Dommage, ils ont eu la peau des Black Panthers. Après avoir eu celle de Malcom X. Et ce sont toujours les mêmes qui sont derrière le bouton de commande, même s'ils trouvent parfois des opprimés pour appuyer sur la gâchette. Le pire, c'est que cette mentalité arrive par ici.

Il faut nuancer. C'est dans l'État du Michigan, le 1er mars 1846, qu'a été votée la première loi d'abolition de la peine de mort. Douze États américains sont abolitionnistes et pratiquement autant ne l'appliquent pas depuis plusieurs années ; or la criminalité n'y est pas supérieure à celle des États « exécutionnistes ». Mais de ce pays nous vient le pire comme le meilleur. Avec des théories fumeuses et totalitaires comme la « tolérance zéro » qui a fait florès sous Giuliani, quand il était maire de New York, et dont les gouvernants français en panne d'imagination et en défaut d'efficacité se sont emparés sous le quinquennat 2007-2012, on a nourri l'illusion qu'il est possible de vivre sans risque, égoïstement, indifférent au malheur d'autrui. La peur des nantis sert d'étendard dans des sociétés de plus en plus inégalitaires. Il manque des voix fortes, graves, généreuses, fraternelles, campées sur le courage et sur la solidarité, pour dire que l'égoïsme n'est pas un idéal, que l'injustice n'est pas une fatalité, que l'avenir ne se construit pas sans luttes. Il reste des conquêtes grandioses à la charge de ta génération.

Des conquêtes au pas de la porte, mais aussi au bout du monde, si j'ai bien compris ?

Tu as bien compris. Il faut se battre ici et là-bas, tout là-bas. Contre l'exclusion, les discriminations et les préjugés qui renvoient à la marge ceux qui sont différents. Mais aussi pour l'abolition de la peine de mort aux États-Unis et à Cuba, en Chine et dans les pays de la péninsule arabique. Contre la violence quotidienne, mais aussi contre les châtiments corporels comme peines judiciaires. Contre la pauvreté ici et contre la faim dans le monde. Pour tous les sans-papiers, les sans-domicile, ceux qui sont privés des libertés et des droits fondamentaux. Avec tous ceux qui refusent de croire que l'enfer est sur terre.

La traite des êtres humains par des réseaux criminels qui se jouent des frontières et se moquent des cadres juridiques, les drames qui surviennent très loin mais qui impliquent des gens tout près nous rappellent que la mondialisation est trop souvent l'extension des exclusions, l'expansion des dominations, l'aggravation des injustices, la propagation des sujétions, l'amplification des inégalités. Il nous faut et il vous faudra opposer à cette hydre la mondialité de la solidarité et de la fraternité que prônait Édouard Glissant.

C'est une lutte sans répit que nous aurons à mener !

Votre cœur est immense et votre énergie intarissable. Et je sais qu'après avoir pansé ces plaies et vaincu ces calamités, il vous restera encore assez de force pour aider ceux qui s'endorment dans l'opulence à découvrir l'enchantement du partage.

C'est utopique !

Pour les âmes vaillantes, l'utopie n'a jamais que quelques années d'avance.

ANNEXES

LOI TENDANT À LA RECONNAISSANCE
DE LA TRAITE ET DE L'ESCLAVAGE
EN TANT QUE CRIMES CONTRE L'HUMANITÉ.
EXPOSÉ DES MOTIFS DE MME TAUBIRA-DELANNON,
DÉPUTÉE DE GUYANE

ASSEMBLÉE NATIONALE
CONSTITUTION DU 4 OCTOBRE 1958
ONZIÈME LÉGISLATURE
ENREGISTRÉ À LA PRÉSIDENCE
DE L'ASSEMBLÉE NATIONALE
LE 22 DÉCEMBRE 1998

Mesdames, Messieurs,

Il n'existe pas de comptabilité qui mesure l'horreur de la traite négrière et l'abomination de l'esclavage. Les cahiers des navigateurs, trafiqués, ne témoignent pas de l'ampleur des razzias, de la souffrance des enfants épuisés et effarés, du désarroi désespéré des femmes, du bouleversement accablé des hommes. Ils font silence sur la commotion qui les étourdit dans la maison des esclaves à Gorée. Ils ignorent l'effroi de l'entassement à fond de cale. Ils gomment les râles d'esclaves jetés, lestés, par-dessus bord. Ils renient les viols d'adolescentes affolées. Ils biffent les marchandages sur les marchés aux bestiaux. Ils dissimulent les assassinats protégés par le Code noir. Invisibles, anonymes, sans filiation ni descendance, les esclaves ne comptent pas. Seules valent les recettes. Pas de statistiques, pas de preuves, pas de préjudice, pas de réparations. Les non-dits de l'épouvante qui accompagna la déportation la plus massive et la plus longue de l'histoire des hommes sommeillèrent, un siècle et demi durant, sous la plus pesante chape de silence.

La bataille des chiffres fait rage. Des historiens vacillent sur le décompte des millions d'enfants, de femmes et d'hommes, jeunes et bien portants, de la génération féconde, qui furent arrachés à la terre d'Afrique. De guerre lasse et sans certitudes, ils retiennent une fourchette de quinze à trente millions de déportés par la traite transatlantique. Des archéologues décryptent avec une application d'écoliers les vestiges des civilisations précoloniales et exhument, avec une satisfaction pathétique, les preuves de la grandeur de l'Afrique d'avant les conquérants et compradores. Des anthropologues décrivent l'échange inégal du commerce triangulaire entre les esclaves, matière première du capitalisme européen expansionniste, et les bibelots, tissus, barres de fer, alcools, fusils qui servaient à acquitter les « coutumes », droits payés sur la traite aux États ou chefaillons du littoral. Des ethnologues reconstruisent le schéma d'explosion des structures traditionnelles sous le choc de ce trafic qui pourvut les ports européens en accises juteuses, les armateurs en rentes coupables, les États en recettes fiscales incolores et inodores. Des sociologues débusquent les traces d'intrigues politiques fomentées par les négriers pour attiser les conflits entre États africains, entre chefferies côtières, entre fournisseurs de « bois d'ébène ». Des économistes comparent la voracité de l'économie minière à la rapacité de l'économie de plantations et puisent le mobile des déportations massives. Des théologiens font l'exégèse de la malédiction de Cham et tentent de conclure la controverse de Valladolid. Des psychanalystes explorent les ressorts de survie et les mécanismes d'exorcisme qui permirent d'échapper à la folie. Des juristes dissèquent le Code noir, qualifient le crime contre l'humanité et le rappellent imprescriptible.

Les fils et filles de descendants d'esclaves, dispersés en diasporas solidaires, blessés et humiliés, rassasiés de chicaneries sur l'esclavage précolonial, les dates de conquête, le volume et la valeur de la pacotille, les complicités locales, les libérateurs européens, répliquent par la geste de Chaka, empereur zoulou, qui s'opposa à la pénétration du pays zoulou par les marchands d'esclaves. Ils chantent l'épopée de Soundjata, fondateur de l'empire du Mali, qui combattit sans répit le système esclavagiste. Ils brandissent la bulle d'Ahmed Baba, grand savant de Tombouctou, qui réfuta la malédiction de Cham dans tout l'empire songhay et condamna la traite transsaharienne initiée par des marchands maghrébins. Ils dévoilent la témérité de la reine Dinga, qui osa même affronter son frère dans un refus sans nuance. Ils collectionnent les lettres d'Alfonso Ier, roi du Congo, qui en appela au roi du Portugal et au pape. Ils marmonnent la ronde des marrons, guerriers prestigieux et rebelles ordinaires. Ils fredonnent la romance des nègres de case, solidaires d'évasions, allumeurs d'incendies, artisans de sortilèges, artistes du poison. Ils entonnent la funeste et grandiose complainte des mères avorteuses. Ils tentent d'atténuer la cupidité de ceux des leurs qui livrèrent des captifs aux négriers. Ils mesurent leur vénalité, leur inconscience ou leur lâcheté, d'une lamentable banalité, à l'aune de la trahison d'élites, pas moins nombreuses, qui également vendirent les leurs en d'autres temps et d'autres lieux. Écœurés par la mauvaise foi de ceux qui déclarent que la faute fut emportée par la mort des coupables et ergotent sur les destinataires d'éventuelles réparations, ils chuchotent, gênés, que bien que l'État d'Israël n'existât pas lorsque les nazis commirent, douze ans durant, l'holocauste contre les Juifs, il est pourtant bénéficiaire des dommages payés par l'ancienne République fédérale d'Allemagne. Embarrassés, ils murmurent que les Américains reconnaissent devoir réparation aux Américains d'origine japonaise internés sept ans sur ordre de Roosevelt durant la Seconde Guerre mondiale. Contrariés, ils évoquent le génocide arménien et rendent hommage à la reconnaissance de tous ces crimes. Contrits de ces comparaisons, ils conjurent la cabale, oppressés, vibrant de convaincre que rien ne serait pire que de nourrir et laisser pourrir une sordide «concurrence des victimes».

Les humanistes enseignent alors, avec une rage sereine, qu'on ne saurait décrire l'indicible, expliquer l'innommable, mesurer l'irréparable. Ces humanistes de tous métiers et de toutes conditions, spécialistes éminents ou citoyens sans pavillon, ressortissants de la race humaine, sujets de cultures singulières, officielles ou opprimées, porteurs d'identités épanouies ou tourmentées, pensent et proclament que l'heure est au recueillement et au respect. Que les circonlocutions sur les mobiles des négriers sont putrides. Que les finasseries sur les circonstances et les mentalités d'époque sont primitives. Que les digressions sur les complicités africaines sont obscènes. Que les révisions statistiques sont immondes. Que les calculs sur les coûts de la réparation sont scabreux. Que les querelles juridiques et les tergiversations philosophiques sont indécentes. Que les subtilités sémantiques entre crime et attentat sont cyniques. Que les hésitations à convenir du crime sont offensantes. Que la négation de l'humanité des esclaves est criminelle. Ils disent, avec Elie Wiesel, que le «bourreau tue toujours deux fois, la deuxième fois par le silence».

Les millions de morts établissent le crime. Les traités, bulles et codes en consignent l'intention. Les licences, contrats, monopoles d'État en attestent l'organisation. Et ceux qui affrontèrent la barbarie absolue en emportant par-delà les mers et au-delà de l'horreur, traditions et valeurs, principes et mythes, règles et croyances, en inventant des chants, des contes, des langues, des rites, des dieux, des savoirs et des techniques sur un continent inconnu, ceux qui survécurent à la traversée apocalyptique à fond de cale, tous repères dissous, ceux dont les pulsions de vie furent si puissantes qu'elles vaincurent l'anéantissement, ceux-là sont dispensés d'avoir à démontrer leur humanité.

LA FRANCE, QUI FUT ESCLAVAGISTE AVANT D'ÊTRE ABOLITIONNISTE, PATRIE DES DROITS DE L'HOMME TERNIE PAR LES OMBRES ET LES «MISÈRES DES LUMIÈRES», REDONNERA ÉCLAT ET GRANDEUR À SON PRESTIGE AUX YEUX DU MONDE EN S'INCLINANT LA PREMIÈRE DEVANT LA MÉMOIRE DES VICTIMES DE CE CRIME ORPHELIN.

J.O. n° 119 du 23 mai 2001

Loi n° 2001-434 du 21 mai 2001
TENDANT À LA RECONNAISSANCE DE LA TRAITE
ET DE L'ESCLAVAGE EN TANT QUE CRIME CONTRE L'HUMANITÉ (1)

L'Assemblée nationale et le Sénat ont adopté,
le président de la République promulgue la loi dont la teneur suit :

Article 1er

La République française reconnaît que la traite négrière transatlantique ainsi que la traite dans l'océan Indien d'une part, et l'esclavage d'autre part, perpétrés à partir du XVe siècle, aux Amériques et aux Caraïbes, dans l'océan Indien et en Europe contre les populations africaines, amérindiennes, malgaches et indiennes constituent un crime contre l'humanité.

Article 2

Les programmes scolaires et les programmes de recherche en histoire et en sciences humaines accorderont à la traite négrière et à l'esclavage la place conséquente qu'ils méritent. La coopération qui permettra de mettre en articulation les archives écrites disponibles en Europe avec les sources orales et les connaissances archéologiques accumulées en Afrique, dans les Amériques, aux Caraïbes et dans tous les autres territoires ayant connu l'esclavage sera encouragée et favorisée.

Article 3

Une requête en reconnaissance de la traite négrière transatlantique ainsi que de la traite dans l'océan Indien et de l'esclavage comme crime contre l'humanité sera introduite auprès du Conseil de l'Europe, des organisations internationales et de l'Organisation des Nations unies. Cette requête visera également la recherche d'une date commune au plan international pour commémorer l'abolition de la traite négrière et de l'esclavage, sans préjudice des dates commémoratives propres à chacun des départements d'outre-mer.

Article 4

Le dernier alinéa de l'article unique de la loi n° 83-550 du 30 juin 1983 relative à la commémoration de l'abolition de l'esclavage est remplacé par trois alinéas ainsi rédigés :

« Un décret fixe la date de la commémoration pour chacune des collectivités territoriales visées ci-dessus ;

« En France métropolitaine, la date de la commémoration annuelle de l'abolition de l'esclavage est fixée par le gouvernement après la consultation la plus large ;

« Il est instauré un comité de personnalités qualifiées, parmi lesquelles des représentants d'associations défendant la mémoire des esclaves, chargé de proposer, sur l'ensemble du territoire national, des lieux et des actions qui garantissent la pérennité de la mémoire de ce crime à travers les générations. La composition, les compétences et les missions de ce comité sont définies par un décret en Conseil d'État pris dans un délai de six mois après la publication de la loi n° 2001-434 du 21 mai 2001 tendant à la reconnaissance de la traite et de l'esclavage en tant que crime contre l'humanité. »

Article 5

À l'article 48-1 de la loi du 29 juillet 1881 sur la liberté de la presse, après les mots : « par ses statuts, de », sont insérés les mots : « défendre la mémoire des esclaves et l'honneur de leurs descendants ».

La présente loi sera exécutée comme loi de l'État.

Fait à Paris, le 21 mai 2001.

Le Premier ministre,
LIONEL JOSPIN

Par le président
de la République,
JACQUES CHIRAC

Le ministre de l'Intérieur,
DANIEL VAILLANT

La garde des Sceaux,
ministre de la Justice,
MARYLISE LEBRANCHU

Le ministre des Affaires
étrangères, HUBERT VÉDRINE

Le ministre
de l'Éducation nationale,
JACK LANG

Le ministre de la
Recherche, ROGER-GÉRARD
SCHWARTZENBERG

La ministre de la Culture
et de la Communication,
CATHERINE TASCA

Le secrétaire d'État
à l'Outre-mer,
CHRISTIAN PAUL

Le ministre délégué
chargé des Affaires
européennes,
PIERRE MOSCOVICI

Table

RÉALISATION : IGS-CP À L'ISLE-D'ESPAGNAC
IMPRESSION : CPI FRANCE
DÉPÔT LÉGAL : AVRIL 2016. N° 130820-9 (3044644)
IMPRIMÉ EN FRANCE

Éditions Points

le cercle

Le catalogue complet de nos collections est sur
Le Cercle Points, ainsi que des interviews de vos
auteurs préférés, des jeux-concours, des conseils
de lecture, des extraits en avant-première…

www.lecerclepoints.com